Peter Glotz · Ferenczy

Peter Glotz

Ferenczy

Die Erfindung des Medienmanagements

C. Bertelsmann

Umwelthinweis:
Dieses Buch und der Schutzumschlag wurden
auf chlorfrei gebleichtem Papier gedruckt. Die
Einschrumpffolie (zum Schutz vor Verschmutzung)
ist aus umweltschonender und recycling-
fähiger PE-Folie.

1. Auflage

Umschlaggestaltung: Design Team München
unter Verwendung eines Gemäldes von
Ernst Fuchs (1994)
Satz: Filmsatz Schröter GmbH, München
Druck und Bindung: Wiener Verlag
Printed in Austria
ISBN 3-570-00115-6

Für Felicitas und Lion

Wer sich nicht wichtig nimmt,
verkommt.

THOMAS MANN

Inhaltsverzeichnis

I. KAPITEL

Viele Ichs

REDEN WIR ALSO über Ferenczy, den größten Verknüpfungskünstler der deutschen Medienszene, den Oberingenieur der deutschen Seele, den Kommunikator der Träume, den Erfinder des Medienmanagements.

Wir reden über eine Schlüsselfigur der gesellschaftlichen Kommunikation dieses Landes, die viele Rollen gleichzeitig spielt: Arrangeur, Traumfabrikant, Personalberater, PR-Spezialist, politischer Mentor, Society-Figur, ungarischer Patriot, deutscher Patriot, europäischer Patriot. Wer das Phänomen Ferenczy nicht begreift, kann natürlich immer noch ein fabelhaft seriöser FAZ-Journalist, Literaturkritiker oder Mikroelektronik-Manager sein; vom sozialen Geflecht der kommunikativen Beziehungen, vom kollektiven Unbewußten der Nach-Nazi-Deutschen, von den verborgenen Zusammenhängen zwischen Mythos, Emotion, Geschichte, Geschäft und Politik kann er aber nicht viel begriffen haben. Wer diese Zusammenhänge verstehen will, muß an die Schnittstellen. Und an denen sitzt der Igel Ferenczy: Ick bün all hier.

Viele nennen ihn einen »Medien-Mogul« und phantasieren von seinem »Imperium«. Da ist er selbst präziser. Er hat sich zahllose Male »der kleine Ferenczy« genannt. Nichts lustiger, als das begütigend-souveräne Lächeln seiner Interviewer zu beobachten, mit dem sie diese angebliche Untertreibung quittieren. Schon das Kristall seines Grünwalder Hauses, seine Maßschuhe, seine Designer-Krawatten und seine Feste bewiesen doch, so glauben sie, daß er in die Liga des Hauses Springer oder der Kirch-Gruppe gehöre. In Wirklichkeit ist der ungarische Herr mit den Pelzkrägen, Leihlimousinen und dem eigenen Telefon in der Bar des Münchener »Vier Jahreszeiten« ein waschechter Mittelständler; zwar keine graue Eminenz, wie manche, die dem Phänomen Ferenczy auf die Spur kommen wollten, geschrieben haben, sondern eine höchst farbige – aber eben kein Mogul, sondern ein einsamer Wolf mit kleinem Apparat.

Der Fall Ferenczy legt sogar eine kühne Hypothese nahe: Daß nämlich die deutsche Kommunikationsgeschichte von kleinen Läden stärker beeinflußt worden ist als von großen. Josef von Ferenczy, Atze Brauner, Gyula Trebitsch, die von der Sekretärin zur Filmproduzentin aufgestiegene Ilse Kubaschewski und der junge Leo Kirch müssen den Verwinkelungen der deutschen Seele näher gewesen sein als irgendwelche Herren aus der Beletage großer Unternehmen. Wobei 1945 alles mittelständisch anfing; Springer, Eduard Rhein, Henri Nannen, Rudolf Augstein, selbst Reinhard Mohn. Nur: Ferenczy ist geblieben, was er immer war – beweglich, selbständig, medium-sized. Sein Lieblingswort ist »Background«. Im »Background« ist er der Geschickteste.

Es hat eine Zeit gegeben, da glaubten manche, man könne den hereingeschmeckten Ungarn ein für allemal erledigen. Paßfälscher, Schmuggler, Steuerbetrüger, Halsabschneider hießen die Vorwürfe. Ferenczy, der sich in Ungarn zuerst mit den Pfeilkreuzlern, dann mit den Kommunisten angelegt hatte, war 1951 in München »in der Badehose« (Selbstcharakterisierung) angekommen. Kein Paß, keine Papiere, nicht einmal das Adelsprädikat war nachweisbar. Diese Durststrecke ist lange vorbei. Aber ein Skandalon ist auch der achtundsiebzigjährige Workoholic geblieben, obwohl die Duftwolken des Herrenparfüms von Knice, die ihn in den fünfziger Jahren umgeben haben müssen, längst verflogen sind. Auch die gediegene Hussmüller-Eleganz von heute, nur mehr ein paar Nuancen farbiger und teurer als die Kleidung der Vorstandsvorsitzenden deutscher Aktiengesellschaften, hat den Argwohn, der ihm entgegengebracht wird, kaum gemildert.

Die Linke wittert seine konservativen Instinkte und hält ihn für einen verdammenswerten Rechten, die akademischen Kritiker hassen die exzessiven, leuchtenden Farben und die groben Pinselstriche seiner gut verkäuflichen Populärkultur, und dem Haupttroß des Bürgertums ist er einfach zu unheimlich, zu unberechenbar. Was trieb er mit Kreisky oder Brandt? Hat er nicht sogar Joschka Fischer gefördert? Für die

Kernschichten des konservativen Blocks ist das »Unzuverlässigkeit«. Zur Solidität gehört in Deutschland eine Portion anständiger Willenlosigkeit. Die hat dieser gewalttätige Herr aus Kecskemét nie aufgebracht.

Idioten haben ihn als »Zigeunerbaron« gehandelt. In Wirklichkeit geht es nicht um das strichfeine Menjou-Bärtchen, Champagner Rosé am hellichten Tag und sündteure Blumengebinde, mit denen Gattinnen beglückt werden. Wer nicht ganz blind ist, bemerkt ja, daß dieser Lebensstil Teil des Gesamtkunstwerks ist und daß vor dem feudalen Gastgeber neben dem unberührten Champagnerglas eine Tasse steht, aus der er eine lauwarme, braune Flüssigkeit trinkt, vermutlich Kaffee Hag oder Ovomaltine. Nein, das Beunruhigende an Ferenczy ist seine Ungreifbarkeit, die Chuzpe, mit der er einem Journalisten, der ihn beschreiben soll, sagt: »Vielleicht Sie können für mich herausfinden, wer Ferenczy ist und was treibt ihn.« Den Begriff »Medienmanagement« hat er einst erfunden, um seinen kleinen Söhnen begreiflich zu machen, was für einen Beruf er hat. Inzwischen wird das Fach an vielen deutschen Universitäten gelehrt, zumeist als »Kultur- und Medienmanagement«. Aber was meint der Begriff?

Der Ferenczy der fünfziger und sechziger Jahre hat mit seinen Illustriertenromanen, Serien und Filmen die Phantasie der Deutschen stärker bewegt als irgendeiner. Wieso, zum Teufel, ließen sich die Deutschen ihre Geschichten von einem hergelaufenen Ungarn erzählen, der zuerst einmal ihre Sprache kaum sprach?

Und wie war es möglich, daß der Mann, der mit dieser das deutsche Bildungsbürgertum anekelnden Populärkultur Millionen verdiente, gleichzeitig Filme mit Eugen Kogon und Bücher mit Salvador Dalí machte? Wie konnte der vom Geldverdienen fasziniierte Kleinunternehmer Ferenczy den österreichischen Bundeskanzler, einen Sozialdemokraten, dafür gewinnen, mit ihm (und dem gerade nach rechts gerückten Springer-Verlag) privates Kassetten-Fernsehen zu versuchen? Wie wurde der bunte Vogel aus dem ungarischen Landadel Botschafter des maltesischen Premiers Dom Mintoff bei der Europäischen Gemeinschaft? Und wieso ließen sich später, in den achtziger Jahren, seriöse Wirtschaftskapitäne wie Carl Hahn (VW) oder Heinz Dürr (AEG) von diesem Geschichtenhändler für teures Geld PR-Konzepte verkaufen? War der Kerl, der dafür sorgte, daß in Ungarn SOS-Kinderdörfer gebaut wurden, nun ein Wohltäter oder ein Abzocker? Warum ließ sich Genscher von ihm publizistisch beraten? Und was trieb Brandt dazu, ihm seine Memoiren anzuvertrauen, die Ferenczy dann prompt zu Ullstein trug, einem Verlag, an dem damals noch der nationalkonservative Verleger Herbert Fleißner beteiligt war?

Angefangen hatte Ferenczy mit einer »Illusionsspinnerei«. Jetzt war er zum Impressario aufgestiegen, ließ Kommunisten mit Sozialdemokraten (in einer »Europa-Dialog« genannten Vereinigung) debattieren und gewann Michail Gorbatschow als Ehrengast (also Randfigur) für Empfänge. Was also ist das Geheimnis dieser Spinne im Mediennetz der Bundesrepublik Deutschland?

Ich habe lange gezögert, ob ich dieser Frage nachgehen soll. Denn ich hatte mich dem Objekt der Begierde nicht gerade als Ethnograph genähert. Irgendwann Anfang der achtziger Jahre saß ich, damals Bundesgeschäftsführer der SPD, bei einem der berühmten Frühstücke in der Grünwalder Portenlänger Straße. Mag sein, daß auch mich der Moët Chandon um elf Uhr vormittags, der livrierte Diener und der Knopf unter dem Tisch, den der Gastgeber bediente, wenn der Diener auftreten sollte, zuerst irritiert haben. Aber nicht lange, denn der Medienmanager bewies schon in der ersten halben Stunde, daß er das Problem seines Gastes begriffen hatte. Politiker leben von strategischer Kommunikation, das heißt, sie sind darauf gedrillt, andere Leute zu überzeugen oder jedenfalls zu überreden. Sie begreifen auch noch, was Sinnkommunikation ist, wenn sie in der Regel auch nicht glauben, daß sie oft im Leben vorkommt. Mit Emotionskommunikation können aber nur wenige von ihnen etwas anfangen. In der Emotionskommunikation werden keine Erklärungen abgegeben, sondern Geschichten erzählt und Stimmungen transportiert. Kurz und gut: Gegenüber den mächtigsten Medien – eben denen, die Emotionen kommunizieren, etwa der »Bild«-Zeitung – sind die meisten Politiker hilflos.

Ich suchte einen Mittelsmann zu den Erzählmedien. Und ich fand ihn an diesem Morgen. Ferenczy hat in den folgenden Jahren immer wieder einmal dafür gesorgt, daß aus (sozialdemokratischen) Ideen Geschichten wurden, daß böse Geschichten milde erzählt wurden und daß manche auf geheimnisvolle Weise vollständig von den Festplatten bestimmter Redaktionen verschwanden. Daß Ferenczy ähnliche Dienstleistungen auch für Genscher oder Kohl (jedenfalls: Hannelore Kohl) erbracht haben mag, verschlug nichts.

Später weiteten sich unsere Beziehungen – die Beziehungen zweier höchst verschiedener Männer, die allerdings beide aus Kakanien stammten – aus. Wir begannen uns gegenseitig bei unseren unterschiedlichen Geschäften zu beraten. Der Medienmanager benutzte den Politiker gelegentlich als Brücke – zum Beispiel zu Willy Brandt und zu einigen Enkeln. Die Sache mit den Enkeln gedieh allerdings nicht. Der Politiker wurde an einer großen politischen Aktion des Medienmanagers beteiligt; eben jenem »Dialog der Gegensätze«, bei dem sich zwei Sozialdemokraten und zwei Kommunisten über die Zukunft Gesamteuropas stritten. Es war ein seltsamer Husarenritt, 1985. Noch dachte niemand an einen Zusammenbruch des Ostblocks. Brandt schrieb in einem Vorwort zu dem Buch, das Ferenczy aus dem Ganzen machte, in Europa stünden die Zeiten auf Polyzentrismus. Das heiße nicht: Auflösung der Bündnisse, aber es heiße gleichwohl, daß es gelte, die falschen Schemata von West- und Osteuropa zu überwinden. Brandt wörtlich: »Es geht um die Wiedergewinnung eines Begriffes von Mitteleuropa.« Heute streben die mitteleuropäischen Staaten in die NATO, und Josef von Ferenczy ist ungarischer Brigadegeneral. Was würde der längst verstorbene Hans-Joachim Hoffmann, Kulturminister der untergegangenen DDR – einer der vier Gesprächspartner jenes denkwürdigen Streitgesprächs im Wiener Palais Schwarzenberg –, heute sagen, wenn ihn Josef von Ferenczy noch zu Tisch laden könnte, was diesem Feuerschlucker glatt zuzutrauen wäre?

Konnte man, so fragte sich der potentielle Biograph, bei so engen Beziehungen die notwendige Distanz wahren? Wie es bei halb und halb autorisierten Biographien so ist: Einerseits hat man Zugang zu vielen Quellen, andererseits soll man Rücksicht nehmen. Ein Beispiel: Ich hatte sagen hören, daß der Vater Ferenczys – ein robuster Landadliger ohne bürgerlichen Beruf – ein großer Liebhaber gewesen sei. Wie ist das mit dem Medienmanager selber? Pokerface. Nach langer Drängelei kam ein offenbar nur im ungarischen gebräuchlicher Konjunktiv: »Selbst wenn etwas gewesen wäre, wäre meine Frau niemals einverstanden, daß etwas gewesen wäre.« Immerhin fand sich – aus grauer Vorzeit – ein Schlüsselroman (Maria Scherer: The Emperor Waltz. Widmung »for Josef«), dessen Hauptfigur Züge des Medienmanagers trug. Diese Hauptfigur schien dem alten Ferenczy aus Kecskemét nicht ganz unähnlich. Übrigens: Die Bilanzen des Ferenczy-Unternehmens blieben mir – nebbich – auch verschlossen.

Schließlich siegte das Konzept der Fallstudie, der exemplarischen kulturwissenschaftlichen Präparation. Keine Goethe-Biographie, in der der Zusammenhang zwischen dem Ulrike von Levetzow-Erlebnis und der Marienbader Elegie aufgehellt werden soll, keine Jahre in irgendwelchen Archiven, keine Sichtung von zweihundert Kubikmetern Korrespondenz. In Frage steht die »Erfindung« jener neuen Dienstleistung, die Ferenczy »Medienmanagement« getauft hat. Die Beschreibung dieses »Handwerks der Verknüpfung«, die Enthüllung typischer Praktiken der Phantasieproduktion in Deutschland, und zwar gezeigt an einem »Fall«, am Beispiel eben jener Figur Josef von Ferenczy und seines mittelständischen Biotops. Dabei kommen die das Mediengeschäft überschießenden Talente des Kommunikationsakrobaten natürlich zur Sprache.

Vielleicht muß ein erfolgreicher Medienmanager auch ein politischer Täter, ein großer Gastgeber, ein Wohltäter sein? Nur geht es um die Frage, wie die soziale Zirkulation von Bedeutung und Vergnügen in Gang gesetzt wird, nicht um die bengalische Beleuchtung einer Ikone.

Aber worin lag das eigentliche Motiv, ein paar Monate meines Lebens mit einer Tonne Papier über Ferenczy und mit fünfzig oder sechzig Videos zu verbringen sowie mit allen möglichen Leuten aus allen möglichen Ecken der Republik über diesen Mann zu reden?

Das wichtigste lag vermutlich in einem (lebenslangen) Interesse an der Populärkultur, an der in Deutschland töricht unterschätzten Frage, woher der Genuß am Weitverbreiteten eigentlich stammt. Die Deutschen pflegen den »zweideutigen Beifall des großen Haufens« (Schiller) zu verachten, sich dann aber maßlos zu wundern, wenn sich die falschen Leute des Offensiven, Skandalhaften, Vulgären, Widerständigen bedienen, das in populären Vergnügungen steckt. Wieso hatte ausgerechnet ein gerade eingewanderter Ungar die Gefühlsstruktur dieses Volkes besser verstanden als die einheimischen kulturellen Eliten? Man müßte, dachte ich mir, am Beispiel Ferenczy über das Verhältnis von Kultur, Medien und Macht mehr herausbekommen als bei allen möglichen Studien über große Intellektuelle.

Mich plagt nämlich eine alte Leidenschaft für Antonio Gramsci, den von Mussolini zu Tode gebrachten italienischen Kommunisten, der sich sein ganzes kurzes Leben lang mit dem »Alltagsverstand« (senso commune) der Menschen auseinandergesetzt hatte, eben mit der Massenkultur. Dieser verkrüppelte Sarde, der einen großen Teil seines Lebens in Gefängnissen verbringen mußte, sah hinter den »vorgeschobenen Schützengräben« des Staates die »Befestigungswerke« der Gesellschaft; das waren für ihn die Presse, die Bibliotheken, die Schulen, die verschiedenen Zirkel und Klubs, die Intellektuellen, die die Menschen beeinflußten und prägten. Gramsci studierte die unerhört erfolgreichen Fortsetzungsromane von Alexandre Dumas, zum Beispiel den »Grafen von Monte

Christo«, weil er wissen wollte, wieso ausgerechnet diese Produkte die Unterschichten, die er für seine kommunistische Partei gewinnen wollte, faszinierten. Er hatte begriffen: Wer im Westen, also in Gesellschaften mit selbstbewußten Bürgerschichten, Revolution machen wollte, der konnte nicht einfach irgendein Winterpalais stürmen, der mußte zuerst das Bewußtsein der unterschiedlichen bürgerlichen Eliten beeinflussen. Wieso, frage ich mich ein halbes Leben lang, hatte das zwar Gramsci begriffen (und Ferenczy, der allerdings keine Revolution im Sinne hatte), aber nicht die deutsche Linke?

Gramsci war kein linker Goebbels, kein Hirnwäscher, sondern einer, der den Kompromiß suchte. Seine zentralen Denkfiguren hießen »kulturelle Hegemonie«, »historischer Block«, »Volkstümlichkeit«. »Die Tatsache der Hegemonie«, schrieb er, »setzt unzweifelhaft voraus, daß den Interessen und Tendenzen der Gruppen, über welche die Hegemonie ausgeübt wird, Rechnung getragen wird, daß ein gewisses Gleichgewicht des Kompromisses entsteht.« Dahinter steckt die Erkenntnis, daß Populärkultur niemals nur ein aufgezwungenes, kommerzielles Produkt der Kulturindustrie ist; es wird von den Konsumenten mit geschaffen. Von Gramsci lernen, sagte ich mir, hieße, den Zeitgeist nicht zu sehr in den Leitartikeln der überregionalen Zeitungen und den Gedankenflügen irgendwelcher Politiker zu suchen, sondern in sozusagen »obskuren« Dokumenten: den Romanen Hans Habes, Will Bertholds, Heinz Konsaliks, den Filmen

Géza von Bolvárys, den Serien Will Trempers oder Heinz van Nouhuys', den (echten oder unechten) Aufklärungstexten Oswalt Kolles, den Geschichten von Fernsehserien. Und schon war ich bei Ferenczy.

John Fiske, Professor für Communication Arts an der Universität von Wisconsin/Madison, hat für die Populärkultur das Bild der kolonisierenden Armee verwendet, die die Kontrolle über ein schwer zugängliches, bergiges Gebiet aufrechterhalten möchte und sich der Gefahr von Guerilla-Angriffen aussetzen muß – sie kann sich selbst nur schützen, indem sie sich in ihre Zitadellen zurückzieht. »Die Populärkultur«, sagt er, »ist stets für diejenigen ein schwer zugängliches, bergiges Gebiet, die sie kontrollieren möchten (unabhängig davon, ob aus ökonomischen, ideologischen oder disziplinarischen Gründen), und ihre guerillahaften Lektüren sind eine strukturelle Notwendigkeit des Systems. Dem ökonomischen Bedarf der Industrie kann nur dann entsprochen werden, wenn die ›Leute‹ deren Produkte als adäquate Ressourcen für ihre eigene Populärkultur verwenden. Es ist nur dann möglich, hegemoniale Kräfte auszuüben, wenn die ›Leute‹ die Texte, die diese Kräfte verkörpern, zur Lektüre auswählen, und sie werden nur diejenigen Texte wählen, die auch die Möglichkeiten zum Widerstehen, Ausweichen und Empören bieten.« Auf Ferenczy angewandt: Wie ging er mit der Guerilla um? Welche Mixtur von Herrschaft und Widerstand repräsentierten und repräsentieren »seine« Texte?

Ein zweiter Aspekt interessierte mich. Der Agent der Phantasie, also der Geschichtenhändler, ist ja nur eine Facette des Mannes, bedeutsam vor allem vom Anfang der fünfziger bis zum Ende der siebziger Jahre. Der Mann hat aber einen Charakterzug, der sich durchzieht. Man könnte ihn das »Grenzgängerische« nennen. Der junge Kavalier aus dem rechten Milieu entschied sich nicht nur (selbstverständlich) gegen die Kommunisten, sondern auch gegen die Pfeilkreuzler, die ungarischen Nazifreunde. Der Pfadfinder der Massenkultur begründete eine jahrzehntelange Zusammenarbeit mit Emmie Oprecht, der Witwe des großen Verlegers Emil Oprecht, und produzierte immer wieder komplizierte Texte, oft genug auch am Markt vorbei. Der hochkonservative Zeitgenosse entwickelte eine originäre Beziehung zu zwei führenden Figuren der internationalen Sozialdemokratie, Bruno Kreisky und Willy Brandt. Der vorsichtige Mittelständler kann für Projekte, die er sich einbildet, Hunderttausende auf den Tisch blättern. Der nationale Ungar ist ein unerbittlicher Westler.

Es ist nicht nur die kommunikative Begabung, die ihm den Kontakt zu den unterschiedlichsten Prototypen ermöglicht, zu Hans-Dietrich Genscher und Gyula Horn genauso wie zu Siegfried und Roy, William S. Schlamm, Axel Springer, Hannelore Kohl, Arafat oder Heinrich von Pierer. Es ist eine Neugierde zwischen den Fronten, eine Sucht nach dem Fremden, eine schlafwandlerische Risiko-Orientierung, die in bürokratisierten und in viele Subsysteme aufgeteilten Großgesellschaften sowohl immer seltener als auch immer wichtiger wird. Die einzelnen Sektoren solcher Gesellschaften, sagt die Systemtheorie, funktionieren aneinander vorbei. »Autopoietisch« heißt der Fachausdruck. Wie sehen Leute aus, die in unterschiedlichen Subsystemen agieren und die Regeln des einen in das andere einzuschleppen versuchen? Sind sie nur noch als Hofnarren denkbar, als Farbtupfer, als Illuminationskünstler und Feuerwerker? Ist Josef von Ferenczy ein André Heller oder Christo mit anderen Mitteln, der mit seinen Träumen die Wirklichkeit nährt und zwischen den realen Ereignissen und ihrer medialen Repräsentation hin und her springt? Ist sein beständiges Dialogisieren, Übersetzen, Verknüpfen in unserer Gesellschaft des Spektakels noch real oder längst Maskerade?

Schreib eine knappe, analytische Studie, sagte ich mir, voll zugestandener Emphatie, aber aus der Distanz, im Geist dieser fabelhaften Engländer (die von »cultural studies« sprechen), aber ohne wissenschaftlichen Apparat. In Norman Mailers intelligenter Romanbiographie über Marilyn Monroe hatte ich ein Zitat von Virginia Woolf gefunden: »Eine Biographie gilt als vollendet, wenn in ihr wenigstens über sechs oder sieben Ichs Rechenschaft abgelegt wird; dabei kann ein Mensch durchaus bis zu tausend Ichs haben.« Also sechs oder sieben Kapitel über sechs oder sieben Ichs des Josef von Ferenczy. Man kann sich ja zuerst einmal das Material kommen lassen und es ansehen. So schnappte die Falle zu.

Das Material über Ferenczy kann man in sechs Kategorien einteilen.

Erstens gibt es vier gute Texte über ihn, drei feuilletonistische und einen wissenschaftlichen. Der älteste (unveröffentlichte) stammt von dem Schweizer Journalisten Rolf Bigler, der einmal Chefredakteur der »Weltwoche« war (und längst nicht mehr lebt). Bigler war ein Wortspieler; er nannte die Ferenczy-Betriebe zum Beispiel »Blaudunst-Hütte«, »Wortgeklingelwerk«, »Schnack-Schmiede«. Auf solche Ziselierungen kann man verzichten. Aber er begriff den Täter Ferenczy, weil er die High-Society-Legenden wegschob und sich auf den jungen Honvéd-Offizier der vierziger Jahre einließ. Bigler fiel eine der schönsten Charakterisierungen ein, die über Ferenczy im Umlauf sind: Er sei ein »Weltmeister im Überleben und im Überlebenlassen«.

Das zweite brauchbare, längere Stück stammt von einem Erfolgsautor, der so gar nicht zu Ferenczy paßt und trotzdem viele Jahre lang Ferenczy-Autor war: Bernt Engelmann, der als linker Enthüllungsspezialist endete. Mitte der sechziger Jahre portraitierte er Ferenczy in seinem Erfolgsbuch »Meine Freunde die Manager«. Sein Essay ist solide recherchiert und vielfach kopiert worden. Zwar ist er bei der Analyse der »Traumfabrik« Ferenczys der üblichen intellektuellen Herablassung nicht entgangen. »Lieschen Müller«, »Gottfried Schulze« und »Alltagsvergoldung« sind die falschen Namen und Begriffe. Auch portraitiert Engelmann nur *ein* Ich, das in den sechziger Jahren dominante: den »Herren der Wellen«, den Zeitgeist-Surfer, den Paten der Massenkultur. Immerhin hatte er eine erste Ahnung von den Verknüpfungsfähigkeiten Ferenczys. Er begriff dessen Profession.

Das schönste Portrait stammt ohne Zweifel von Herbert Riehl-Heyse; eine funkelnde, ironische, linksliberale Annäherung an den schon über Siebzigjährigen: Rolls-Royce-Prosa. Riehl-Heyse beschreibt ganz nüchtern den Mechanismus der Ferenczy-Betriebe in den neunziger Jahren, das Zusammenwirken der Schreibwerkstatt mit dem neueren Geschäftszweig, der »atmosphärischen PR«. Dahinter aber wittert er das Versöhnungstalent und das Versöhnungsbedürfnis Ferenczys. Der Text hat nur elf Seiten, gibt aber eine Ahnung von den unterschiedlichen Dimensionen dieser Medienfigur.

Schließlich hat der bissige Altmeister der Kultursoziologie, Alphons Silbermann, am Beispiel der Ferenczy-Betriebe in einer Gelegenheitsarbeit über »Medienkultur, Medienwirtschaft und Medienmanagement« (1989) eine knappe, zutreffende Analyse dieses »Familienunternehmens« geliefert. Seine Leitbegriffe – Fiction-Orientierung, Populärkultur und Medienverbund – sind tragfähig, seine Schlußfolgerungen, insbesondere über die Überlebenschancen kleiner flexibler Unternehmen im Medien- und Softwaregeschäft, überzeugen. Silbermann, der viele Jahre in Australien gelehrt hatte und einer derjenigen war, die in den sechziger Jahren die angelsächsische Sozialwissenschaft in Deutschland populär machten, verbindet Chuzpe mit einem empirischen Blick. So jemand ist in der Lage, Ferenczys vielfältigen »Medienmanagement«-Begriff zu entschlüsseln.

Das ist es aber auch, was an brauchbaren Texten über Ferenczy existiert. Ansonsten gibt es Hunderte Artikel, die – korrekt oder falsch – mit den Fakten spielen, die aus diesen vier Texten stammen.

Zweitens gibt es ein halbes Hundert Videobänder. Darunter sind viele brave und wenige interessante Interviews, vor allem aber Eigenproduktionen der Ferenczy-Betriebe, sozusagen Amateuraufnahmen. Die sind eine Fundgrube. Günter Prinz gestikuliert mit Franz Josef Strauß, die Münchener Geschäftsleute tun liberal, als sie zum ersten Mal Irene Epple als Frau von Theo Waigel begrüßen, die Chefs von »Spiegel« und »Focus« sind miteinander so aufgeräumt natürlich wie Pat und Patachon, und Stoiber und Glotz erscheinen gemeinsam, mit dem Satz: »Wir sind kein Pärchen, wir haben uns nur zufällig vor der Tür getroffen.« Was wüßten wir nicht alles, wenn es solche Bänder von den Salons der Madame Recamier gäbe. Ferenczys Gastfreundschaft ist ein integrierter Teil des Medienmanagements.

Das größte Konvolut stellen – drittens – die roten und weißen Aktenordner von Ferenczy-Media dar. Im Fachjargon heißen sie »Pressemappen«; sie präsentieren Medienereignisse, also eine Jubiläumsfeier, einen Workshop der Telekom, einen »Europa-Dialog«, ein herausgehobenes Ferenczy-Interview. In Wirklichkeit handelt es sich um Welterschaffung. Ferenczy organisiert zuerst eine Kommunikation, die man heutzutage »Event« nennt. Dann sorgt er dafür, daß wichtige Leute aller Art an diesem Event teilnehmen. Dann sorgt er dafür, daß wichtige Medien aus allen Himmelsrichtungen diesen Event spiegeln. Und dann stellt er das ganze Echo – einschließlich der freundlichsten und der bösesten Reaktionen – in wunderschönen Farbkopien zusammen und versendet dieses Ergebnis an Gott und die Welt. So entsteht Hyperrealität; so wird aber auch Realität beeinflußt. Natürlich werden neben Wahrheiten auch Legenden transportiert, neben Fakten auch Faktoide.

Sehr spannend, wenn auch höchst mißachtet sind – viertens – Ferenczys Gebrauchsgegenstände, das heißt seine Texte und Filme. Natürlich: Populäre Texte sind dazu da, konsumiert und weggeworfen zu werden. Sie zeichnen sich durch Repetition und Serialität aus. Kein Text ist sich selbst genug, kein Text ist ein vollständiges Objekt. Trotzdem sind sie seine Kinder. Irgendwann hat er versucht, Lektoren zu beschäftigen. Sie haben schlechtes Material in den Himmel gelobt und (spätere) Bestseller in den Papierkorb geworfen. Ferenczy hat keinen einzigen seiner Texte selbst geschrieben; er hat nur Geschichten aus der Publizistik herausgefischt und dafür Autoren und Medien gesucht. Diese Geschichten repräsentieren seine Weltsicht und seine Weltflucht, seinen Realismus und seinen Zynismus, seine Menschenkenntnis und seinen himmelschreienden Idealismus.

fte Quelle sind Gespräche über Ferenczy –

mit seinen Autoren, seinen Klienten, seinen Leuten, seinen Gegnern. Dieser investigative Journalismus bringt oft nur magere Ergebnisse. Zwar sagt einem ein großer Politiker schon einmal, daß er nie genau gewußt habe, was Ferenczy eigentlich von ihm gewollt habe. Aber er fügt sofort hinzu: »Kurz nach seinem Besuch ist ein sehr schönes Portrait über mich erschienen.« Das Typische ist eigentlich der Anruf der Gräfin Nayhauss. Ich hatte mit ihrem Mann, einem alten Ferenczy-Autor – heute Kolumnist der »Bild«-Zeitung –, ein langes Gespräch geführt. Die Gräfin mußte mir noch ein ganz wichtiges Detail mitteilen, das ihr Mann vergessen hatte. Vor zwei Jahrzehnten hatte der eine komplizierte Nierenoperation zu überstehen, in Remscheid. Ferenczy besuchte ihn nicht nur im Krankenhaus, er erkundigte sich täglich nach seinem Gesundheitszustand und schickte der Ehefrau wöchentlich Blumen. Von derartigen Geschichten wimmelt es in den Kommunikationskreisen des Josef von Ferenczy. Ein guter Rechercheur schüttelt sich nach solchen Interviews. Sie wirken bestellt. Aber wegwerfen kann er die Protokolle natürlich nicht. Denn sie sind mitbestellt.

Bleibt als letzte Quelle – sechstens – ein riesiger Kasten von großen und kleinen, farbigen und schwarzweißen, professionellen und dilettantischen Fotos: ein Schatz. Ferenczy begrüßt Arafat, und der jahrzehntelange Botschafter der Palästinenser in Bonn Frangi grinst erleichtert zwischen ihnen durch. Ferenczy bekommt einen Orden von Strauß oder von Sinowatz.

Ferenczy begrüßt Arafat, 1995. Im Hintergrund der Botschafter der Palästinenser in Bonn Abdalla Al-Frangi – erleichtert.

Ferenczy interviewt General Lebed, der aussieht wie der junge Max Schmeling, überreicht Felipe Gonzáles ein Buch über den »Dialog der Gegensätze« oder unterschreibt für Dom Mintoff einen Vertrag oder ein Protokoll. Niemand könnte die Verwitterung eines Gesichtes, die Beruhigung der Krawatten-Dessins, die Steigerung der Melancholia so plastisch beschreiben wie eine Serie von zwanzig Fotos aus dem Ferenczy-Archiv, aufgelegt auf einem Arbeitstisch von Erika Hasselberg oder Karin Marks, Ferenczys vertrauten Sekretärinnen. Natürlich, Andy Warhol hat über ihn genauso ein »Objekt« angefertigt wie Ernst Fuchs ein Portrait. Aber nichts beschreibt den langen Weg dieses Mannes perfekter als ein schneller Blick von jenem berühmten Dalí-Foto – Ferenczy und Dalí auf einer Barock-Chaiselongue – zu einem späten Foto irgendwann aus den neunziger Jahren. Der Neunundvierzigjährige – Ferenczys Dalí-Buch erschien im Jahr 1968 – blickte neugierig, geschmeichelt, zufrieden, amüsiert. Im Blick des Alten stecken Contenance, Skepsis und die Entschlossenheit, sich niemals ermüden zu lassen. Diese Fotos sind eine Fundgrube.

Reden wir also über Ferenczy. Geboren wurde er am 4. April 1919 in jenem Nest Kecskemét, das Mór Jókai zwar »die Metropole der Puszta« nannte und in dem ein paar wunderschöne sezessionistische Bauten stehen, von dem aber sonst nicht viel zu sagen ist als daß es an der Bahnlinie Budapest–Fülöpszállás liegt, dort wo die Nebenstrecke Tisza–Ung abzweigt. Der

Ferenczy und Dalí, 1968. Der Neunundvierzigjährige blickt neugierig, geschmeichelt, zufrieden, amüsiert.

Andy Warhol: Josef von Ferenczy, 1984. Die Verwitterung eines Gesichts, die Beruhigung der Krawatten-Dessins, die Steigerung der Melancholia …

Komponist Zoltán Kodály ist dort geboren, na gut. Ferenczys Vorfahren, in Kecskemét das erste Mal 1623 erwähnt, hatten dort viertausend Joch, das Joch zu sechs Motika oder zwölfhundert Quadratklafter, das heißt eine vergleichsweise kleine Klitsche.

Was sagt Ferenczy über den alten Josef, seinen Vater? »Er war ein hochbegabter Mensch, vor allem bei technischen Zeichnungen, er hatte auch irgendeine Zeichenschule absolviert. Aber er hat nie etwas getan, er war hauptsächlich Jäger und Liebling der Frauen. Sie haben allerdings eine grundsätzliche politische Einstellung gehabt. Wenn zum Beispiel jemand einen nicht-ungarischen Namen hatte, dann war er schon kein Ungar. Es war eine extrem rechts stehende Familie.« 1919, im Geburtsjahr des jungen Ferenczy, spielte das eine Rolle. Knapp zwei Wochen vor Ferenczys Geburt, am 21. März 1919, hatten der Kommunist Béla Kun und seine Partei mit dem linken Flügel der Sozialdemokraten zusammen eine neue Regierung gebildet und Ungarn zur Räterepublik erklärt.

Miklós von Horthy, ein Landadliger wie die Ferenczys, nur nicht aus Kecskemét, sondern aus dem Komitat Szólnók, kam im Geburtsjahr Ferenczys an die Macht. Er beendete den Terror, dem mehrere hundert unschuldige Menschen zum Opfer gefallen waren. Den gab es von seiten der Räterepublik, aber auch von seiten der Freikorps. Das berüchtigste unter ihnen, unter dem Hauptmann Prónay, soll allein sechshundert Kommunisten, Sozialisten und Juden umge-

Jupp Darchinger: Josef von Ferenczy, 1995. Im Blick des alten Ferenczy stecken Contenance, Skepsis und die Entschlossenheit, sich niemals ermüden zu lassen.

bracht haben. Der Reichsverweser Horthy, in jungen Jahren ein Flügeladjutant des Kaisers Franz-Joseph, sorgte im Laufe der Zeit für Normalisierung. Für Demokratie sorgte er nicht. Der neue Sproß der Ferenczys wurde in eine kontroverse Welt geworfen; Ungarn zum Beispiel verlor 1918/19 die Hälfte seines Staatsvolkes. Immerhin vererbte man Ferenczy ein Wappen. Das Wappentier war ein Wolf, der einen verwunderten Hasen an den langen Ohren davonträgt oder apportiert. Was war mit dieser Erbschaft anzufangen?

2. KAPITEL

Der Täter als junger Mann

WANN IST DER Mensch fertig? Mit drei Jahren, mit fünf, mit zehn? Jedenfalls kann man schon in dem kleinen Jungen, der sich stundenlang auf den Heuschober zurückzog und Leitartikel oder romantische Bücher las, in dem »leidenschaftlich vortragenden Amateurkünstler« (Ferenczy über Ferenczy), in dem eigenwillig idealistischen Wahrheitsfanatiker und übertrieben-selbstbewußten Pfadfinder (jeden Tag eine gute Tat) den späteren Ferenczy erahnen: Nicht nur den jonglierenden Obstimporteur und tolldreisten Honvéd-Leutnant, sondern auch den Gründerunternehmer und politischen Täter späterer Jahre. Die Schlüsselgeschichte ist der Rausschmiß aus der Pfadfinderschaft. Der junge Ferenczy hielt eine pathetische Rede gegen den Pfarrer, der mit der Schwester eines seiner Kameraden ein Liebesverhältnis hatte. »Er soll nicht lügen«, sagte der Achtzehn- oder Neunzehnjährige. »Er soll sagen, daß er auch ein Mensch ist, er muß nicht sagen, mit wem er es hat, aber er soll offen bekennen, daß er eine Frau als Frau betrachtet, daß Männer Frauen brauchen und Frauen Männer und daß auch Priester davon nicht ausgenommen sind.« Nach dieser Philippika mußte der junge Mann den Raum auf der Stelle verlassen. Der alte Ferenczy bezeichnet den Jungen von damals als »eine unerklärliche politische Gattung und einen seltsamen Vogel«. Aber das ist zuviel der Distanz. Später hat er keine Reden mehr über die Geliebten von katholischen Priestern gehalten. Die Neigung zu gelegentlichen (und zwar geschäftsschädigenden) gesinnungsethischen Wallungen ist ihm aber geblieben.

Natürlich werden der auftrumpfende Gerechtigkeitssinn, das maßlose Selbstbewußtsein und das spürbare Bedürfnis nach Selbstinszenierung mit der landadeligen Herkunft zu tun haben. Katharina von Ferenczy, mit ihrem Mann seit siebenundvierzig Jahren verbunden, spricht gelegentlich mit vorsichtiger Ironie von ihm als einem »ungarischen Herrn«. Zwar hatte ein Ferenczy auch das erste Stadtarchiv in Kecskemét gegründet, es gab Generäle, oberste Richter, Lehrer, aber der Haupttypus war doch der »Gutsherr« in einer agrarisch geprägten Gesellschaft. Die Ferenczys waren keine großen, sondern kleine Besitzer. In der Bauernstadt Kecskemét aber waren sie Herrenschicht. Und in der Jugend des Josef von Ferenczy, also in den zwanziger und dreißiger Jahren, war dort in der Puszta von Globalisierung noch keine Rede. Kecskemét war zwar auch damals nicht weiter als fünfundachtzig Kilometer von Budapest entfernt. Trotzdem war die nächste Weltstadt, Wien, jenseits des Horizonts.

Nur eine aus der Ferenczy-Familie hatte Kecskemét verlassen und mit ihrem Leben eine Fußnote zur Geschichte, zum österreichisch-ungarischen Ausgleich von 1867 verfaßt. Bigler hat ihr Schicksal, das den »ungarischen Herrn« nicht unbeeinflußt gelassen hat, hübsch umwegig geschildert:

»Um darzutun, daß Josef F. so adelig ist, wie sein beiläufig zur Schau getragenes Von es behauptet, muß freilich neben dem Schicksal eine extraordinäre, ja bewunderungswürdige, wenngleich auf den ersten und zweiten Blick stets unauffällig gewesene Frauensperson in die Geschichte eingeführt werden. Ihr, seiner Großtante väterlicherseits, verdankt Josef mutmaßlich seine verschiedenen Serien von fetten und von mageren Jahren. Von allen Ferenczys ist sie die einzige, die aus dem ewig gleichen Takt und aus der Provinz fiel und mitten in der allergrößten Herrlichkeit landete, ohne viel eigenes Zutun. Sie fühlte sich gar nicht berufen und wurde doch auserwählt: Ihre Majestät Kaiserin Elisabeth von Österreich, dem zeitgenössischen Filmpublikum als ›Sissi‹ von Romy Schneider künstlerisch übersüßt falsch bekanntgemacht, wählte nach langer Prüfung unter vielen Kandidatinnen ausgerechnet die aus K. stammende Ida von Ferenczy aus, ernannte sie zu ihrer ›Vorleserin‹ und verschaffte damit dem wohlgeborenen Fräulein den Titel einer Hofdame und das Recht, sich Frau zu nennen. Das ist in einigen historischen Werken nachzulesen, es ist aktenkundig, und außerdem steht auch fest, daß die 1839 in K. geborene Ida weder besonders anziehend aussah, noch den Männern anziehend vorkam. Gebildet war das Fräulein, es näherte sich bedenklich rasch dem Zivilstand einer alten Jungfer von dreißig Jahren, und es zog wohl im Jahre 1868 mit pessimistisch leichtem Gepäck in Schönbrunn oder in der Wiener Hofburg oder draußen in Laxenburg ein.

In Wahrheit begab sich alles so, aber noch viel mehr. Die Kaiserin, jung und ausnehmend schön, nach habsburgischen Maßstäben von ihrem Gemahl Franz Joseph geradezu leidenschaftlich geliebt, wurde von ihrer Schwiegermutter nach Müllerinnen-Art drangsaliert und gedemütigt. Von Spitzeln und Kreaturen der Schwiegermutter umgeben, von ihrem Gatten, der geschäftlich stark in Anspruch genommen war, nur unzureichend gegen die Nachstellungen der bösen Sophie geschützt, pflegte sie hingebungsvoll ihren Körper, mit größtem und währendem Erfolg übrigens, und entwickelte eine immer stärker werdende Zuneigung zu Pferden und zu den Magyaren. Ihr Lieblingspferd hieß ›Schwarzer Teufel‹ und ihr bevorzugter Ungar Andrássy. Graf Andrássy muß so ausgesehen haben, daß sich jede Dame, die an seinem Arm eine Gesellschaft betrat, schuldig vorkam. Mit zunehmender Selbstsicherheit säuberte die hohe Reiterin ihre Umgebung, setzte durch, daß in ihrer Umgebung nur ungarisch gesprochen wurde, und von allen ihren Vertrauten kürte sie die Unschuld Ida vom Lande, ihre Allervertrauteste zu werden. Weil es den Posten einer Konfidentin nicht gab, außer dem einer

Vorleserin, ging Ida von Ferenczy als Vorleserin ihrer Majestät, die sich manchmal literarisch versuchte, in die Bücher ein. Sie gewann dank ihrer ehernen Treue und Loyalität das Vertrauen der Kaiserin, überbrachte zarte Brieflein und Hiobs-Postkarten, den jungen Herzoginnen und ihren feinen Tanten erschloß sie willkommene Geldquellen, indem sie ihre getragenen Kostüme und Toiletten weit über dem Einkaufspreis an Bürgerliche verkaufte, sie verhinderte unschöne Mesalliancen und kuppelte unvernünftige Vernunftsverlöbnisse aus und um. Der Kaiser selbst war ihr gewogen – kurz, es gab niemand von Rang, bei dem Frau von Ferenczy nicht einen Wunsch frei hatte. Macht besaß sie keine, aber Einfluß bis in die hintersten Winkel der Donau-Monarchie. Seine Ausdehnung entsprach der Spannweite des Doppeladlers. Dieser Umstand erklärt, warum die sogenannte Vorleserin auf dem Posten blieb, nachdem ihre einzige Zuhörerin in Genf von dem Anarchisten Lucheni ermordet worden war. Aber als das Reich unterging, erkannte die alte Dame, daß sie in Wien nur bloß zu Besuch gewesen war, und demütig kehrte sie nach Hause zurück – ins unaussprechliche Kecskemet. Sie lebte unauffällig so für sich hin und schwieg und schwieg über alles (einzig ein Ferenczy wäre einer Ferenczy gewachsen gewesen). Mit ihren alten Augen musterte sie ihren Großneffen, und es wird wohl so gewesen sein, daß ihre Tugenden und Talente bei solcher Gelegenheit von ihr auf ihn kamen. Sie starb 1926 und wurde, wie es sich schickte, in einem Mausoleum auf dem Friedhof von Kecskemét beigesetzt. Bis auf den heutigen Tag.«

Die Frage, warum ein – wie sagt man? – »männlicher Sproß« aus dieser Tradition nach dem Zerfall des alten Reichs nicht zu einem eleganten, chauvinistischen und revanchelüsternen Landwirt wurde, sondern zuerst zu einem idealistischen Amateurpolitiker, einem für die Demokratie engagierten Honvéd-Offizier und schließlich gar zu einem Emigranten, einem weltläufigen, zwischen den Fronten pendelnden Fädenzieher, ist natürlich schwer zu beantworten. Wahrscheinlich aber hängt es mit der Scheidung der Eltern zusammen; die war Ende der zwanziger Jahre im katholischen Ungarn in den Kreisen der Ferenczys von Kecskemét noch ein tiefer Einschnitt. Josef von Ferenczy und seine vier Jahre ältere Schwester Lenke blieben bei der Mutter. Die aber wurde von der Familie geschnitten und miserabel behandelt. Sie hielt sich schließlich mit Obsthandel über Wasser. Mag sein, daß die Distanzierung des jungen Ferenczy von dem nationalistischen, antisemitischen und autoritären Milieu der Vatersfamilie mit diesem Bruch zusammenhing.

Die Macht hatte, wie gesagt, Miklós von Horthy, einst der oberste Marineoffizier der untergegangenen österreich-ungarischen Monarchie, also ein durch den Geist des Vielvölkerstaats gemilderter Repräsentant des nationalbewußten Kleinlandwirtetums. Natürlich war auch er ein Antisemit; aber er wollte die Juden wenigstens nicht umbringen. Gemäß der üblichen

Blut- und Bodenideologie Anfang der zwanziger Jahre äußert er den (damals in solchen Kreisen durchaus gebräuchlichen) Satz: »Das Bauerntum ist die Lebensquelle unserer Rasse.« Er war von der besonderen Berufung der magyarischen Nation im Donauraum überzeugt und wurde nicht verlegen, wenn er die Parole »Nie, nie, niemals« (zum Trianon-Vertrag) oder »Ungarn über alles« hörte. Aber man muß ihm lassen, daß er mit den Geheimbünden (Etelközi Szövetség und Magyar Közösség) nur vorsichtig umging und von den Pfeilkreuzlern nichts hielt. Natürlich war der Trianon-Vertrag für die Ungarn genauso ein rotes Tuch wie der Vertrag von Versailles für die Deutschen. Ober-Ungarn war jetzt ein Teil der zum tschechoslowakischen Staatsverband gehörenden Slowakei, und Siebenbürgen gehörte zu Rumänien.

Die Politik des Reichsverwesers ist in den Sätzen zusammengefaßt, die er einmal einem seiner Offiziere aus der Szegediner Zeit (also um 1919) anvertraute: »In diesem Land muß Ordnung herrschen, und ich werde auch Ordnung halten. Wenn es die Lage erfordert, werde ich sogar auf die Unruhestifter schießen lassen. Sollten diese Elemente von rechts kommen, macht dies für mich nur insofern einen Unterschied, daß ich mit Schmerzen im Herzen auf sie das Feuer eröffnen werde. Kämen sie von der linken Seite, ließe ich leidenschaftlich gern auf sie schießen.«

In diesen Auseinandersetzungen stand Ferenczys Sippe auf der rechtsradikalen Seite. Ferenczys Vater war (wie der Sohn selbst sagt) eine »Vorzeigefigur«

für Leutnant Iván Héjjas, einen der rechtsradikalen Stoßtruppführer der damaligen Zeit, der 1919 in Kecskemét ein blutiges Massaker gegen Juden angerichtet hatte. Ob Ferenczys Vater damit irgend etwas zu tun hatte, läßt sich nicht mehr feststellen. Feststellen aber läßt sich, daß der Sohn mit dieser Art von Politik von allem Anfang an nichts zu tun haben wollte.

Der Vater starb 1931; da war Ferenczy zwölf. Ferenczy, seine Mutter und Schwester lebten noch ein paar Jahre in Kecskemét. Die Mutter ernährte sich, wie gesagt, vom Obstexport. Ferenczy hatte – »aus Wut gegen die religiöse Ferenczy-Familie« – das katholische Piaristengymnasium verweigert. Er ging in die Realschule. Viel älter als sechzehn kann er nicht gewesen sein, als er den »effektiven Boykott« der Familie nicht mehr ertragen wollte. Als »Familienoberhaupt« sagte er zu seiner Mutter: »Jetzt gehen wir nach Budapest.« Auf die erstaunte Frage der Mutter, was sie dort denn tun würden, antwortete der junge ungarische Herr: »Das weiß ich noch nicht, aber wir tun schon etwas.« So verschwand die Restfamilie aus Kecskemét.

Sie kamen nicht sofort bis nach Budapest. Die erste Station war ein kleiner Ort kurz davor, Pestszentlörinc. Ferenczy schleppte ein knappes Jahr Eisenstangen in einem Siemens-Betrieb für Tageslohn. In dieser Zeit entstanden erste, lose Kontakte zur Untergrundbewegung der »Ungarischen Nationalsozialistischen Partei« (späterer Name »Pfeilkreuzler-Partei«) und gleichzeitig zur kommunistischen Jugendbewegung. Ferenczy ließ sich mit keiner dieser Organisationen wirklich ein. Er definierte sich als »gebürtiger Demokrat«. In der Rückschau formuliert er selbstironisch: »Ich wußte zwar nicht, ob man das trinkt oder ißt, aber alles, was ich gelesen hatte, sagte mir, daß mir dies als politische Gattung entspricht.« Irgendwie ist er dieser »Gattung« treu geblieben. Gegen die Extreme von rechts und links konnte er kämpfen, ansonsten aber band er sich nie an eine Partei, nur an Personen, und zwar an solche aus höchst unterschiedlichen Richtungen. Die Wurzeln dieser politischen Bindungsangst, die er nur überwand, wenn es gegen Radikale ging, müssen in diesen frühen, traumatischen Erfahrungen mit dem ungarischen Parteiwesen der dreißiger Jahre liegen, also mit der Schwäche der demokratischen Mitte und der Überlegenheit der Radikalen von rechts und links.

Am 21. September 1938 rückte Ferenczy ein. Er war noch nicht zwanzig. Er wollte Politiker werden, ohne sich mit der Politik – also zum Beispiel den Parteien, die er alle für korrupt hielt – einzulassen; das war naiv. Aber der Täter, der weder der persönlichen noch der politischen Geschichte einfach zusehen wollte, steckte schon in ihm. Der schneidige junge Mann muß eine seltsame Mischung von idealistischem Pfadfinder (»helfen«), verwegenem Überlebenskünstler, geschicktem Händler und stolzem Magyaren gewesen sein. Jedenfalls hatte er nicht die Absicht, zuerst einmal für ein paar Jahre in den grauen Kolonnen irgendwelcher Rekruten zu verschwinden. Das erste, was der Rekrut Ferenczy tat, war die Entwicklung eines politischen Plans. Es klingt phantastisch, aber es ist wahr: 1942 verlieh ihm Horthy dafür das Nationale Verteidigungskreuz.

Nichts zeigt »den Täter« Ferenczy plastischer als diese Affäre. Der Trianon-Vertrag hatte Hunderttausende Ungarn zu Bürgern der Tschechoslowakei gemacht; und 1938 probierten die tschechischen Nationalisten in der Prager Burg, ob sie diese nicht durch Deportation loswerden könnten. Diese Entmischungsidee – die nach 1945 bei den Sudetendeutschen gelang, weil man Hitlers monströse Verbrechen als Begründung hernehmen konnte – funktionierte nicht wirklich. Aber mehrere tausend ungarische Familien wurden über die Grenzen getrieben. Ob man es glaubt oder nicht: Es war der Rekrut Josef von Ferenczy, der sich bei seinem Bataillonskommandeur melden ließ und einen Vorschlag machte, wie man die Eingliederung dieser Familien vernünftig organisieren könnte. Sein Plan wurde in großen Zügen akzeptiert und auch durchgeführt.

Mag sein, daß diese Geschichte für das Ungarn der späten dreißiger Jahre noch nicht so phantastisch und abenteuerlich war, wie sie für deutsche Ohren klingt. In der Honvéd-Armee dieser Jahre mag ein adeliger Name, auch wenn er keineswegs zu den großen gehörte, in einem Bataillonskommandeur noch irgendeine vage Erinnerung ausgelöst haben, die ihn veranlaßte, einen geschickten, drängeligen, tatkräftigen jungen Mann vorzulassen. In der einerseits proletarisierten, andererseits »demokratisierten«, jedenfalls durch eine soziale Revolution zutiefst veränderten deutschen Armee wäre so etwas sehr viel schwieriger gewesen. Typisch für Ferenczys Beziehungsgenie aber ist die Tatsache, daß es ihm im Zuge dieser Aktion sogar gelang, bis zu Béla Imrédy vorzudringen, der in diesem Jahr gerade ungarischer Ministerpräsident geworden war. Der mit einer Sonderaufgabe betreute Rekrut verstand es, seinem Ministerpräsidenten eineinhalb Stunden über die Unterbringung der ungarischen Flüchtlinge vorzutragen und ihm schließlich auch noch eine halbe Stunde lang politische Vorwürfe zu machen. Imrédy hatte nach einem August-Besuch 1938 in Deutschland eine Wendung zu den Nazis gemacht, begünstigte die Auslandsorganisationen der NSDAP und schlug einen antisemitischen Kurs ein. Nach zwei Stunden warf Imrédy Ferenczy hinaus. Der bittere Witz dieses seltsamen Dialogs liegt darin, daß im Februar 1939 durch eine Budapester Zeitung enthüllt wurde, daß Imrédy selbst jüdischer Abstammung war. Horthy benutzte diese Tatsache, um den allzu »deutschfreundlichen« Mann aus dem Amt zu drängen. Daß doppelbödige Gespräche dieser Art, geführt in der frühesten Jugend, die Einstellung zur Politik ein Leben lang prägen müssen, ist nicht verwunderlich.

Ferenczys erste politische Aktion fädelte ihn sozusagen ein. Wirtschaftlich ging er ja neben den Schuhen. Zwar hielt sich seine Mutter irgendwie über Wasser, aber natürlich empfand sich der Neunzehnjährige als »Familienernährer«. So begann ein Doppelleben. Zuerst wurde ihm aus der Umgebung Imrédys die Sanierung einer Tabakfabrik irgendwo bei Budapest aufgetragen. Diese Unternehmung scheiterte. Aber irgendwie erreichte er – eben mit dem Argument, er müsse eine Familie ernähren – das, was man in Deutschland eine »UK-Stellung« nannte. Er bekam die Genehmigung, unternehmerisch tätig zu werden. Nach Kriegsbeginn wurde er vom Frontdienst freigestellt. Er hatte ein Soldbuch. In Wirklichkeit aber entwickelte sich der tatkräftige junge Provinzler zwischen 1939 und 1944 zu einem der erfolgreichsten Jungunternehmer des Landes.

Er gründete in diesen Jahren siebzehn Firmen. Er verdiente viel Geld, und er gab viel aus. Zur Uniform trug er englische Lackstiefel, gelegentlich auch – gegen das Reglement – ein Hemd mit weißem Kragen. Die Offiziere, die ihn aus politischen Gründen haßten, weil sie mit den Nazis gemeinsame Sache machen wollten, nannten ihn einen »Parasit-Soldaten«. Tagsüber wurde irgendein Dienst absolviert, in der Nacht wurden die Geschäfte organisiert. Zwischen drei und vier kam Ferenczy nach Hause, um sieben stand er unter der Dusche, um acht begann wieder der Dienst. In diese Zeit fällt auch eine erste Ehe (mit Gabriele Kolozs), aus der der ältere Sohn Csaba stammt.

Die genaue Abfolge seiner Geschäfte ist heute gleichgültig. Es begann mit einem Stand in einer Großmarkthalle; er organisierte den Obstexport seiner Mutter

Ferenczy, 1941. Der tatkräftige junge Provinzler entwickelte sich zwischen 1939 und 1944 zu einem der erfolgreichsten Jungunternehmer des Landes.

um. Später handelte er mit Schreibmaschinen, gründete das erste ungarische Reklamebüro (heute würde man das eine Werbeagentur nennen) und wurde schließlich Ungarns jüngster Filmproduzent. Die Anfänge eines Medienmanagers: Eines Tages senkte sich ein Fallschirm auf Budapest herunter. Auf ihm stand riesig »Zizi«. Das war eine Schokoladenmarke, und der Fallschirm brachte eine kleine Fracht des Produkts zur Erde, um Kinder, die zufällig auf der Straße herumliefen, zu beglücken. Von den zehn oder zwölf Filmen, die Ferenczy in diesen Jahren produzierte, erinnert er sich nur noch an einen, der die Emanzipation der Frau zum Thema hatte. Er hatte den aparten Titel »Die herrenlose Frau«, der heute von Feministinnen kaum mehr als emanzipatorisch akzeptiert würde. Seine Philosophie war ein menschenfreundlicher Illusionismus. In Kriegszeiten wollte er keine Durchhaltefilme, keine Kriegsfilme, keine Kriminalfilme, sondern Beziehungsgeschichten, etwa nach dem Muster »Liebesgeschichte zwischen einem Kommandanten und einer Ärztin«. Das Programm muß erfolgreich gewesen sein. Jedenfalls hatte er, als er 1948 vor den Kommunisten floh, fünfzigtausend Dollar auf Schweizer Bankkonten. Das war in einer Zeit, als schon der Besitz von zwei Stangen Zigaretten ein Vermögen bedeutete, eine gewaltige Summe.

Wichtig ist noch die Geschichte mit den Sojabohnen, dem Sojabohnenöl, dem Sojabohnenmehl aus Siebenbürgen, und zwar weil das der Beginn seiner höchstpersönlichen Arisierungsaktion war. Ein jüdischer Unternehmer namens Sándor Fülöp beteiligte ihn mit zwölfeinhalb Prozent an seiner Fabrik. Das war zu einer Zeit, als man den Juden die Gewerbescheine schon entzog. Ferenczy war hoch erfolgreich; er verkaufte das Sojamehl ausgerechnet der ungarischen Armee. Wenn man es nur zu fünf Prozent beimischte, war das Brot weniger bröselig. So machte sich Ferenczy doppelt verdient; um den jüdischen Unternehmer, dem er das Geld in einer Tragetasche ins Kaffeehaus brachte, und um die ungarische Armee, die besseres Brot hatte und also leistungsfähiger wurde. Nicht jedem gelingt es, auf zwei ganz unterschiedlichen Schlachtfeldern gleichzeitig zum Helden zu werden. Ferenczy konnte das.

Aus diesem ersten Geschäft entwickelten sich viele andere. Noch saßen viele jüdische Geschäftsleute – Budapest hatte um 1920 einen jüdischen Bevölkerungsanteil von dreiundzwanzig Prozent – in den Kaffeehäusern. Sie selbst durften ihre Geschäfte nicht mehr betreiben. Also mußten sie verkaufen. Überall, wo die Deutschen herrschten oder Einfluß hatten, ging auf diese Weise viel jüdisches Vermögen verloren. Auch der junge Ferenczy »arisierte« viele solcher Betriebe, führte sie weiter. Im Unterschied zu anderen muß er es aber verstanden haben, große Teile dieses jüdischen Vermögens – übrigens mit Hilfe seiner Schwester – den ursprünglichen Besitzern zu bewahren. Irgendwelche nachträglichen Vorwürfe oder Angriffe gegen den »Arisierer« Ferenczy sind nicht nachweisbar; wohl aber Dokumente, in denen ihm gedankt wird. Niemand kann heute den verschlungenen Pfaden folgen, die damals, in den frühen vierziger Jahren, von den Betroffenen gegangen wurden. Im März 1944 besetzte die deutsche Wehrmacht Ungarn. Die Deportationen begannen Anfang Mai. Schon im Juli konnte sich der Bevollmächtigte des Deutschen Reiches in Ungarn brüsten, 437 402 Juden jeden Alters aus Ungarn »herausgeschafft« zu haben. Das war das Ende jeglicher Geschäfte. Ferenczy allerdings scheint es gelungen zu sein, bei diesen Geschäften anständig zu bleiben.

Unter der deutschen Besatzung (und dem immer stärkeren Einfluß der Pfeilkreuzler unter Ferenc Szálasi) war das Lavieren zu Ende. Die Nazis wußten, was sie von Ferenczy zu halten hatten. Ferenczy wußte, was er von den Nazis hielt. Als Kreise der konservativen Armeeführung unter dem Vorwand, die Ordnung in Groß-Budapest aufrechterhalten zu müssen, militärische Sondereinheiten bildeten, stellte sich der Leutnant der Reserve Ferenczy als Kommandant der VIII/2 Honvéd-Ordnungs-Hilfskompanie zur Verfügung. Nach außen kämpfte diese Formation gegen kriminelle und kommunistische Untergrundkämpfer. In Wirklichkeit half sie allen möglichen Regimegegnern zu überleben, darunter auch Juden. Man stellte falsche Papiere aus und versteckte Leute, die vom Regime gesucht wurden. Ferenczy selbst entzog sich nach einiger Zeit allen offiziellen Nachstellungen. Er schlief in sechs unterschiedlichen Wohnungen.

Sein Glück war wohl, daß die Staatsmacht nicht mehr ungeteilt war und es viele rivalisierende Kräfte gab.

Das kriegsgeschichtliche Archiv der Ungarischen Volksarmee hat Ferenczy 1981 bestätigt, daß die Kompanie VIII/2 »als Widerstandsformation zu betrachten« sei. Wörtlich: »Sie führte zahlreiche bewaffnete Aktionen durch und vollbrachte tapfere Kampftaten. Josef Ferenczy war einer der führenden Kommandanten dieser Formation. Im antifaschistischen Widerstand hat er auch in eigener Person von seiner Tapferkeit und Selbstaufopferung Zeugnis gegeben. Vorliegende Bescheinigungen haben wir aufgrund der sich in unserem Archiv befindenden Dokumente ausgestellt.«

Für Ferenczy sollte das Spiel mit verdeckten Karten nicht mehr aufhören, bis er sich 1948 aus Ungarn absetzen konnte. Das erste Erlebnis mit der Befreiung durch die Rote Armee war für Ferenczy die Befreiung von seiner Schweizer Uhr (er weiß noch heute, daß es eine Omega war) und seinen englischen Lackstiefeln. Zwar erreichte er in einem seiner Gewaltstreiche – er erschien mit zwölf seiner schneidigsten Soldaten beim sowjetischen Kommandanten von Budapest –, daß er erneut eine »Ordnungstruppe« organisieren konnte, diesmal vor allem gegen marodierende sowjetische Soldaten. Diesmal gehörte Ferenczy zu einer Formation, die I. Honvéd-Wachbataillon hieß; diese Funktion trug ihm einen Ausweis der ungarischen Militärkommandantur ein, der ihm bestätigte, daß er »der vom Oberkommando der Roten Armee aufgestellten und von der ungarischen Regierung anerkannten ungarischen Militärkommandantur zugeteilt« sei.

Vom 27. Juni 1945 bis zum 30. Juni 1946 diente er schließlich in der »Defensivabteilung« der Bezirkskommandantur. Die Aufgabe von Ferenczys Gruppe war die politische Überprüfung – das heißt Entnazifizierung – der ehemaligen Offiziere der Honvéd-Armee. Bigler hat schön beschrieben, wie das vor sich ging: »Nachdem er gerade selbst überlebt hatte, ging er wieder nach seiner Facon vor. Er jagte zwar. Aber erbittlich. Beim Säubern kehrte er unter den Teppich, wen er vor sich und seinem Glauben verantworten konnte. Das Gegenteil eines Nazischergen war kein kommunistischer Häscher.« Er war aber auch klug genug, zu begreifen, daß solches Doppelspiel auf die Dauer nicht funktionieren würde. Als er am 1. Juli 1946 zum Staatssekretär im Verteidigungsministerium berufen wurde, retirierte er in ein Sanatorium und blieb krank. Er war im September 1945 zum Hauptmann der Reserve in der neuen demokratischen Honvéd-Armee befördert worden. Das genügte ihm. Jetzt wollte er wieder das Fach wechseln, von der Politik in die Wirtschaft zurück. Das hatte allerdings in einem Ungarn, das inzwischen zum »Ostblock« gehörte, keine große Zukunft.

Zwar versuchte er, seine siebzehn Firmen wieder wachzukitzeln. Ein großes Vergnügen kann die unternehmerische Tätigkeit unter der Oberherrschaft der Roten Armee und dem wachsenden Einfluß der Kommunisten nicht gewesen sein. Als er am 16. September 1948 plötzlich verhaftet wurde, natürlich um drei Uhr früh, weil er bis dahin mit seinen Freunden gezecht hatte, hing das mit der Flucht eines Funktionärs der kleinen Landwirte-Partei zusammen. Ferenczy hatte diesem Mann einen Paß verschafft. Achtundvierzig Tage saß er im selben Gefängnis wie der Pfeilkreuzlerführer Ferenc Szálasi, in einer fensterlosen Zelle. »Nur am letzten Tag«, hat Ferenczy später berichtet, »haben sie mich nicht geschlagen.« Aber aus irgendeinem Grund, der sich heute nicht mehr feststellen läßt, hängten sie ihn nicht auf, sondern entließen ihn in Hausarrest.

Sechsmal versuchte er vergebens aus Budapest herauszukommen. Beim siebten Mal gelang es, in einem täuschend ähnlich nachgemachten russischen Lastwagen, in dem neben ihm zumeist flüchtende Juden saßen. Auf Flucht aus Ungarn stand damals Internierungslager. Am 30. Dezember 1948 landete der ungarische Herr, der nur ein einziges Wort deutsch sprach – es war das Wort »Bierwärmer« –, in Wien und zog in das Emigrantenhotel »Weißer Hahn«. Es war das Wien, das der berühmte Film »Der dritte Mann« geschildert hat, das geteilte, demontierte, von Schwarzhändlern wimmelnde Wien. Orson Welles im Riesenrad am Prater als Harry Lime – und Josef von Ferenczy nicht weit davon in irgendwelchen billigen Beisln, in denen sich ungarische Emigranten trafen.

Es muß auch glückliche Momente gegeben haben

in dieser Zeit. In irgendeinem dieser Kaffeehäuser, in denen die Emigranten den ganzen Tag verbrachten, weil sie keine Wohnungen, sondern nur Unterkünfte hatten, traf er eines Tages auf eine bildschöne Frau. Sie unterhielt sich mit einem ungarischen Landsmann. Ferenczy ging auf sie zu, machte eine formvollendete Verbeugung, deutete auf die Bluse der Dame, die ein klein wenig verrutscht war, und sagte: »Verzeihen Sie, gnädige Frau, könnte man diese Bluse nicht ein wenig nach unten ziehen?« Dieser Annäherungsversuch hatte keinen Erfolg. Ein paar Wochen später allerdings, als die Frau mit ihrem kleinen Sohn Andreas (aus ihrer ersten Ehe mit einem Dr. Ratz) vor einer Kaffeemaschine saß, die plötzlich zu explodieren drohte, sprang Ferenczy hinzu und riß das Kind aus der Gefahrenzone. So lernte er Katharina Salvaggio kennen, eine Ungarin, die gerade (in zweiter Ehe, einer Scheinehe) einen Italiener geheiratet hatte, um aus Ungarn herauszukommen. Später hat es lange gedauert, bis sie sich von diesem Italiener wieder scheiden lassen konnte. Im katholischen Italien war eine Scheidung damals unmöglich. Das war der Grund, warum Josef von Ferenczy die Katharina Salvaggio, mit der er fortan zusammenlebte, erst 1958 – dann schon in München – heiraten konnte.

Nur um das Zeitkolorit zu charakterisieren: Katharina Salvaggio war aus Ungarn gemeinsam mit ihrer Mutter geflüchtet. Auch die Mutter – Emma – hatte einen Italiener geheiratet. Dieser, ein wunderschöner weißhaariger alter Junggeselle aus dem bergigen Norditalien mit dem schönen Namen Messer Bernadoni, regte sich vor lauter Freude über das viele Geld, das ihm seine neue Frau fürs Heiraten zahlte, so auf, daß er tot umfiel. Erbin war die Ehefrau; sie hatte nun den neuen, begehrten italienischen Namen, einen gültigen italienischen Paß und bekam gleichzeitig das Geld zurück, das sie bezahlt hatte. Viele Leute haben damals nur überlebt, weil es solche Zufälle gab. Ein halbes Jahrhundert später wirkt solch eine Geschichte wie eine reizende Schnurre. Damals, nach dem großen Krieg, war sie nur einer der vielen Purzelbäume des Zeitgeistes, diesmal einer, bei dem man mit den Füßen aufkam.

Ferenczy mußte auch aus Wien fliehen. Hier saß er nicht achtundvierzig Tage im Gefängnis, sondern zehn Monate, immer in der Angst, nach Ungarn ausgeliefert zu werden. Das Auslieferungsbegehren lag schon vor, nachdem Ferenczy achtundvierzig Stunden saß. Und er ahnte, was ihm in Ungarn blühen würde. Dort hat man damals schnell aufgehängt.

Was hinter der neuerlichen Verhaftung des »ungarischen Großhändlers« steckte, weiß man inzwischen genau. Man weiß es, weil die (seriöse) katholische Zeitschrift »Die Furche« viele Jahre später, im Dezember 1972, den österreichischen Bundeskanzler Bruno Kreisky wegen Ferenczy frontal angriff. Der Skandal erschütterte Österreich für ein paar Tage. Ferenczy hatte mit Kreisky nämlich Gespräche über die Frage geführt, ob der österreichische Staat sich nicht direkt oder indirekt an einer Form des Kasset-

München, 1954. Lieber für einen Pfau gehalten werden als für einen Adler.

tenfernsehens beteiligen könne, die Ferenczy gemeinsam mit anderen Partnern, darunter dem Axel Springer-Verlag, in Szene zu setzen beabsichtigte. Er hatte dafür schon eine eigene Firma, die »Audomo«, gegründet. Da kramte »Die Furche« angebliche Erkenntnisse der österreichischen Polizei aus jenen vierziger Jahren hervor. »Die Furche« schrieb am 2. Dezember 1972:

»Herr Ferenczy ist nicht einmal einer, dem ein österreichischer Bundeskanzler die Hand reichen dürfte. Ein Mann, der, wie Josef Ferenczy, in den Nachkriegsjahren Mitglied einer Fälscherbande war, mit deren fabrizierten Pässen sich Schleichhändler und Kriegsverbrecher nach Südamerika absetzten; ein Mann, der, wie Josef Ferenczy, nach langer Fahndung vom Sicherheitsbüro gefunden, zehn Monate in Untersuchungshaft saß; ein Mann, der, wie Josef Ferenczy, gegen Kaution enthaftet, kurz vor Beginn seines Prozesses ins Ausland flüchtete; ein Mann, der, wie Josef Ferenczy, unter dringendst aufklärungsbedürftigen Umständen die österreichische Staatsbürgerschaft via Tirol erhielt, obwohl er bis 1965 in Wien zur Fahndung ausgeschrieben war – so ein Mann ist keines Handschlags eines österreichischen Bundeskanzlers würdig, auch wenn er seither zu den Parade-Ungarn des Wiener Opernballes avanciert ist.« Ferenczy blieb nichts übrig, als gegen diese Behauptungen in allen Punkten zu klagen. Er gewann. Der Chefredakteur der »Furche«, Lorenz, zog die Behauptungen, wenn auch sehr viel später, zurück. Was herauskam, war wieder typisch für Ferenczy, den Täter. Er war eben keiner, der sich in irgendeinen Wetterwinkel der Geschichte zurückzog, um seine Geschäfte zu machen. Er wollte mitspielen. Dafür riskierte er viel.

Was hatte sich abgespielt? Ferenczy war mit einem amerikanischen Major namens Thomas in Kontakt gekommen, der eigentlich Andreas Szentgyörgyi hieß und natürlich ein Ungar war. Dieser Major Thomas war Leiter der ungarischen Abteilung des CIC, also des amerikanischen militärischen Nachrichtendienstes. Er hatte versucht, Ferenczy in eine Schleuserorganisation einzubauen, die die Flucht ungarischer Regimegegner nach Wien (und von Wien aus in die USA oder anderswohin) betrieb. Ferenczy, damals ohne Staatsangehörigkeit, wußte, wie gefährlich es war, sich auf österreichischem Boden politisch zu betätigen. Im übrigen wußte er auch gut genug, daß er den Umfang einer solchen von einem amerikanischen Geheimdienst organisierten Aktion als einzelner nie würde überschauen können. Also sperrte er sich. Der Major Thomas aber blieb hartnäckig. »Ich weiß doch, daß Sie viel Geld haben«, sagte er. Er spielte auf die Reste des schweizerischen Geldes von Ferenczy an. »Wenn Sie sich selbst an der Aktion schon nicht beteiligen wollen, dann geben Sie wenigstens Geld. Wenn Sie kein Geld geben, werden Sie Probleme bekommen.«

Jetzt hatte Ferenczy ein doppeltes Motiv. Einerseits war die tief in ihm verankerte Pfadfinderideologie – »helfen« – angesprochen. Man hatte ihm aus Un-

November 9, 1955.

E r s u c h .

ICH, Andreas R. Szentgyorgyi, Untersuchungsbeamter des Amerikanischen Sicherheitsdienstes in Oesterreich waehrend der Jahren 1946 - 1952, zzt. wohnhaft in Philadelphia, Bellevue-Stratford Hotel, moechte mich an die Amnestiepetition der Herren Joseph von Ferenczy, Hauptmann der Ungarischen Armee ad., Ladislaus von Hegymeghy, Hauptmann des Ungarischen Generalstabes ad., und Rechtsanwalt Dr. Georg Racz. respektvoll anschliessen.

Als Untersuchungsbeamter der Amerikanischen Streitkraefte fuer Ungarsiche Angelegenheiten habe ich verlaessliche Informationen und Kentnisse gehabt uber die Tatigkeit dieser militarischen und juristischen anti-Kommunistischen Wiederstandsgruppe, die von Hauptmann Ferenczy, Hegymeghy und Dr. Racz gefuhrt wurde, und die ihre Bemuhungen an die Rettung der ungarischen Fluchtlingen konzentriert hatte. Es ist mir bekannt dass diese Gruppe es zustande gebracht hat, vielen ungarischen Fluchtlingen im entscheidener Masse zu helfen, als sie im Todesgefahr auf dem Fluchtwege waren. Es ist meine Uberzeugung dass diese Manner Patrioten undkeine Kriminellen sind, dessen unbescholtene Vergangenheit und hohe Bildung fuer ihres zukunftiges Benehmen burgt. Wo sie vielliecht in Konflikt mit oesterreischen Gesetzen geraten sind, ist es nur deswegen gewesen, weil sie unter dem Druck des Kalten Krieges gehandelt haben.

Ich bin davon uberzeugt dass diese Manner ihre Vergehen gegen die Gesetze von Oesterreich mehr als genug gebusst haben, und dass sie es wirklich verdienen, an diesem festlichen Tage der oesterrichischen Unabhangigkeit eine Amnestie zu erhalten.

Andreas R. Szentgyorgyi

. . . .

Andreas R. Szentgyorgyi

Sworn to and subscribed before me this 9th day of November 1955

Marian Fischer

garn herausgeholfen. Er wollte anderen aus Ungarn heraushelfen. Andererseits stand er unter massivem Druck. Also gab er zwei- oder dreimal Geld, jeweils ein paar Tausend Dollar. Als Gegengabe erhielt er einen gefälschten ungarischen Paß. Den nahm damals jeder an, der keinen echten hatte. So konnte er endlich nach Zürich oder Bern fliegen, um seine Kolonialwaren-Exportgeschäfte zu betreiben und Geld abzuheben. Das war die ganze Geschichte. Der Artikel in der »Furche« war Ende des Jahres 1972 erschienen. Drei Jahre später, am 22. Oktober 1975, konnte ihm Rechtsanwalt DDr. Peter Stern aus der Wiener Sailerstätte endlich das folgende schreiben:

»In der Berufungsverhandlung hat Herr DDr. Lorenz die Erklärung abgegeben, daß er nunmehr keine Veranlassung habe, die seinerseits gegen Sie vorgebrachten und unter Anklage gestellten Äußerungen aufrechtzuerhalten. Mit dieser Erklärung hat Herr DDr. Lorenz in einer weit über die Möglichkeiten eines Urteils hinausgehenden Art und Weise submittiert, das heißt, eindeutig zum Ausdruck gebracht, daß keine wie immer geartete Veranlassung dafür gegeben war, gegen Sie Beleidigungen zu erheben, daß also diese Beleidigungen völlig grundlos gegen Sie vorgebracht worden sind.

In diesem Zusammenhang gestatte ich mir den Hinweis auf die im Verfahren vor der ersten Instanz abgelegte Zeugenaussage des Ladislaus Hegymeghy, welcher als der seinerzeitige Hauptangeklagte im Paßfälscherprozeß nach fünfundzwanzig Jahren als Zeuge, zu dem gegen Sie, lieber Herr von Ferenczy, von DDr. Lorenz erhobenen Vorwurf, Stellung genommen hat, daß Sie nach dem Kriege in Wien im Jahre 1949 einer Paßfälscherbande angehört hätten. Herr Hegymeghy hat als Zeuge unter Wahrheitspflicht deponiert, daß er heute in der Lage ist, die Wahrheit zu sagen, was vor fünfundzwanzig Jahren in Folge der vorherrschenden politischen Umstände nicht möglich war, nämlich daß Sie persönlich mit der sogenannten Paßfälscherbande nur insoweit zu tun gehabt hätten, daß Sie der ungarischen Abteilung der CIC mehrmals materielle Unterstützung gegeben haben, um ungarischen Flüchtlingen zu helfen.

Ich habe bewußt nur den Kern dieser umfangreichen Zeugenaussage herausgegriffen, weil daraus hervorgeht, daß nicht nur von seiten des Herrn DDr. Lorenz eine völlige Rehabilitation Ihrer Person erfolgt, sondern daß auch durch die Zeugenaussage des unmittelbar an den Vorgängen im Jahre 1949 Beteiligten objektiviert werden konnte, daß Sie, lieber Herr von Ferenczy, weder Pässe gefälscht noch in irgendeiner anderen Art und Weise mit irgendeiner Manipulation befaßt waren.

Gleichzeitig sind die verantwortlichen Redakteure der ›Volksstimme‹, welche Sie in der Ausgabe vom 1. Februar 1973 als ›Pornolieferant‹ und in der Ausgabe vom 15. Februar 1973 als ›der berüchtigte Leiter einer Kurzgeschichten- und Pornofabrik‹ bezeichnet haben, wegen Ehrenbeleidigung rechtskräftig verurteilt worden.

Es bereitet mir eine besondere Genugtuung, Ihnen, sehr geehrter Herr von Ferenczy, diese Zeilen schreiben zu können, weil in einem mehrjährigen Strafverfahren restlos dargetan werden konnte, daß aus Gründen, welche ich an dieser Stelle nicht näher untersuchen will, Vorwürfe und Behauptungen gegen Sie, sehr geehrter Herr von Ferenczy, erhoben worden sind, welche jeglicher Grundlage und Substanz entbehren. Ich darf Ihnen zu dem hundertprozentigen Prozeßerfolg, der Ihre Ehre völlig wiederherstellt, gratulieren.«

Nur war das mit der völlig wiederhergestellten Ehre im Jahr 1975. 1950, also ein Vierteljahrhundert vorher, konnte man sich für den Begriff »Ehre« nichts kaufen. Ferenczy war ein Spielball. Da sagten Zeugen aus, denen irgendein Geheimdienstmann befohlen hatte, falsch auszusagen. Würde man ihn (es war ja alles *vor* dem Österreichischen Staatsvertrag) an die Russen ausliefern? Würden die Russen ihn nach Ungarn ausliefern? Major Thomas jedenfalls sagte Ferenczy kühl: »Wenn Sie zuviel von der Wahrheit erzählen, werden Sie mit Sicherheit ausgeliefert.« Also mußte Ferenczy eine glaubwürdig klingende Geschichte erfinden. Vermutlich war das eine gute Übung für seine spätere Tätigkeit als Geschichtenhändler; wenn es um den eigenen Kopf geht, lernt man folgerichtige, logische und realistische Geschichten zu erzählen.

Überhaupt mag jene Zeit – Ferenczy war knapp über dreißig – sehr lehrreich gewesen sein. Bigler: »Er verstand, wenn verhandelt wurde, kein Wort. Er verzichtete aufs Zuhören und verlegte sich aufs Beobachten. Entschlüsselte Gesichter, las aus verrutschten Krawatten, sah den Händen eines Menschen an, was Graphologen aus einer Handschrift herausholen; das Blitzen eines Rings an einer ungepflegten Hand plus eine ängstliche Geste – das war die Hälfte einer Biographie wert. Gelernt hat er auch die Kunst der Tarnung. Nicht im Klartext aufzutreten, sondern chiffriert. Die Karten nicht aufzudecken. Lieber als Pfau zu gelten als ein Adler, auch wenn man keines von beiden war ... Von seinen Partnern und Gegnern unterschätzt zu werden, verschafft einem Vorteile.« Man darf vermuten, daß Ferenczy damals mit weniger lehrreichen Versuchsanordnungen auch zufrieden gewesen wäre. Aber er wurde nicht gefragt.

Als er die Chance bekam, für eine Kaution von fünfzigtausend Schilling freizukommen, ergriff er sie. Soviel war von dem schweizerischen Geld gerade noch übrig. Dann beging er einen Gelöbnisbruch. Wer mit Hilfe einer Kaution freikommt, muß geloben, während der Verhandlungen die Stadt nicht zu verlassen. Ferenczy aber verließ sie. Am 15. Juni 1951 setzte er sich nach Deutschland ab. Und da Deutschland auch damals schon ein ordentliches Land war, belegte ihn der Bundesgrenzschutz mit einer Strafe von fünfzig Mark wegen unerlaubten Grenzübertritts.

Katharina, die damals noch Salvaggio hieß, mußte zuerst noch ein paar Wochen in Salzburg leben. Sie wollte eine Aufenthaltsgenehmigung von den Italienern für München. Wien verweigerte sie. Über Salzburg funktionierte es nach einiger Zeit. Ferenczy selber war zwar »displaced«, aber keine anerkannte DP, keine akzeptierte »Displaced Person«. Das heißt, er mußte sich seine Aufenthaltsgenehmigung immer wieder verlängern lassen. Er war ein Dauerkunde an der Ettstraße, beim Münchener Polizeipräsidium. Das Volontariat für die Tätigkeit als »Medienmanager« war umfassend angelegt.

Es ist mit Gründerzeiten wie mit Kriegen: Wenn die Beteiligten einige Jahrzehnte später darüber erzählen, wird jede Brutalität zur Anekdote, über die sich die Zuhörer auf der Bierbank oder im Weinstadl köstlich amüsieren. Ja, Ferenczy hat eine Zeit in einem Puff gewohnt, in der Münchener Liebigstraße, wo ihm die Straßenmädchen allmorgendlich ein Tablett mit einer frischen Semmel und einem Glas Milch vor die Tür gestellt haben. Ja, mit seiner Familie – Katharina, deren Mutter und dem kleinen Sohn Andreas – konnte er nicht zusammenwohnen, weil die entsprechenden Hoteliers damals noch wegen Kuppelei verurteilt worden wären. Unverheiratete durften nicht in einer Wohnung zusammenleben. Ja, Ferenczy mußte oft genug das Pensionszimmer schon früh um sechs verlassen, weil spätestens um acht der Gerichtsvollzieher erschien. Einmal wurden ihm wegen sechshundertfünfzig Mark Pensionsschulden sechs seiner sieben Anzüge weggepfändet; nur einen letzten konnte er sich erhalten, um weiterhin seinen Geschäften nachgehen zu können.

Katharina von Ferenczy sagt zwar: »Wir waren so jung, und wir haben so viel gelacht.« Ob es aber wirklich so komisch war, wenn »Omi« – Katharinas Mutter – Tag für Tag zum Versatzamt ging, um bei einer von ihr beeindruckten Schalterkraft fünf Mark für eine Zuckerdose zu bekommen, sei dahingestellt. Jedenfalls ist verbürgt, daß gelegentlich das Geld für eine Straßenbahnfahrt fehlte. Und für den ersten Opel Kapitän mußte Katharina bei vertrauten Tankstellen jeweils drei oder fünf Liter tanken. Mehr Geld war nicht da. Ferenczy selbst weigerte sich, solche Bittgänge zu machen. Seine schöne Frau aber konnte die Tankwarte überzeugen.

Der Täter Ferenczy war jetzt wieder ein Gründerunternehmer. Nach einem Jahr war er der größte Orangenimporteur Deutschlands. Der Pfiff war, daß er spanische Orangen mit französischem Ursprungszeugnis importierte. Allerdings betrog ihn ein Partner aus Barcelona. Dieses Unternehmen (und ein zweites Experiment mit der »Starfilm-GmbH« seines Freundes Géza von Bolváry) endete mit der in der damaligen Situation gigantischen Verschuldung von sechsundachtzigtausend Mark. Ein Graf Lerchenfeld war der Financier. Er akzeptierte einen Schuldschein von Ferenczy. Dieser hat die Summe später bis auf die letzte Mark abgestottert.

Das Puff in der Liebigstraße wurde später übrigens eine berühmte Künstlerpension; der Schauspieler Ernst Stankowski und der Kabarettist Michael Burk, der Prinzipal der in den fünfziger und sechziger Jahren berühmten Münchener »Zwiebel«, lebten dort. Aber das muß nach Ferenczys Zeit gewesen sein. Wie dieser Vergeistigungsprozeß sich zutrug, ist nicht überliefert.

3. KAPITEL

Der Herr der Wellen

GRÜNDERUNTERNEHMER: Es ist fast komisch, wie sich die Anfänge von Leo Kirch und Josef von Ferenczy gleichen. Alles spielt in Hotelhallen. Kirch kaufte mit geborgtem Geld seinen ersten Film, »La Strada« mit der Masina. Ferenczy erwarb – es war 1954 – die Rechte für einen abendfüllenden Dokumentarfilm über die Fußballweltmeisterschaft. Weder war er ein besonderer Kenner der Fußballszene, noch hatte er irgendwelche Kontakte zu den Verbänden. Er schrieb schlicht einen Brief an die FIFA nach Genf, den ihm seine Frau übersetzen mußte. Den Feinschliff besorgte der zehnjährige Sohn Andreas. Grundidee: »Die idiotischen Wochenschauen« – die damals, als das Fernsehen nur wenige Menschen erreichte, vor jedem Film liefen – zeigten nur ein paar Torszenen, aber keinen dramatischen Ablauf. Unerklärlich, warum die Genfer Funktionäre sich zu einer Verhandlung mit Ferenczy bereit erklärten. Sie fand im Münchener Regina-Palasthotel statt. Ferenczy borgte sich aus ungarischen Emigrantenkreisen zwanzig Mark für Trinkgelder, engagierte einen Dolmetscher, kaufte die Rechte für 200000 Mark (die er selbstverständlich nicht hatte) und verkaufte sie für 240000 Mark weiter. Er hatte 40000 Mark verdient. Die Hälfte mußte er für die Suite im Hotel, den Dolmetscher und den Kaffee ausgeben, den die Herren getrunken hatten.

Das war der Grundstein für die wichtigste deutsche Medienagentur – nicht, weil plötzlich 20000 Mark in der Kasse waren, sondern weil sich die Sache herumsprach. Da gab es, sagte man in der damals noch wichtigen Filmbranche, einen komischen Ungarn, der doch tatsächlich die Fußballgewaltigen dazu bestimmt hatte, der Idee zu einem großen Dokumentarfilm näherzutreten. Ferenczy setzte sofort nach. Sein nächster Coup war der »Spion für Deutschland«, die Geschichte des Spions Gimpel, die ihm Will Berthold, Polizei- und Gerichtsreporter bei der »Süddeutschen Zeitung«, schrieb. So entstand eine Zeitgeistagentur, deren Einfluß man schwer überschätzen kann.

Auf der einen Seite saß Ferenczy in seinem Pensionszimmer und telefonierte. Er hatte irgendeine Geschichte in der Zeitung entdeckt und irgendeinen Autor gefunden, der daraus ein Exposé gemacht hatte. Das schickte er herum. Gelegentlich kam es vor, daß ihn ein Filmverleih dann anrief und höflich nach dem Pressechef des Unternehmens Ferenczy fragte. Ferenczy lachte sich halb tot. Das Unternehmen bestand nur aus dem Pensionstelefon und ihm, dem »stotternden, meckernden Ungarn« (Selbstbeschreibung). Dieser Ungar hatte zuerst einmal nichts als eine »zigeunerhafte Witterung für Stoffe« (Will Berthold). Und natürlich die Idee des Medienverbunds. Er wollte Serien für Illustrierte produzieren, wollte daraus Bücher machen, wollte daraus Filme machen. Sein großer Vorteil war, wie der große Blattmacher Henri Nannen vom »Stern« später einmal maliziös bemerkte, die Einfallslosigkeit vieler Illustriertenredakteure (und Verlagslektoren oder Filmdramaturgen). Mit Nannen und dem »Stern« war das Geschäftemachen nicht so leicht wie mit anderen Blättern und anderen Häusern. Nannen hatte selber Ideen.

Auf der anderen Seite stand eine boomende Unterhaltungsbranche. Man nehme nur die Illustrierten: die »Quick« hatte im Jahr 1954 eine Auflage von 678 661, die »Revue« von 516 760, der »Stern« von 655 503. Zehn Jahre später waren alle drei Blätter deutlich über der Millionengrenze; die »Quick« bei 1 419 000, die »Revue« bei 1 134 000 und der »Stern« bei 1 531 000 Käufern. Die Macher kamen aus dem Krieg, aus Hitlers Propagandakompanien, aus allen möglichen Berufen. »Das waren ja abenteuerliche Gestalten, die damaligen Chefredakteure«, sagt der erfolgreiche Ferenczy-Autor Raimund le Viseur in einem Rückblick. »Die brauchten Nachhilfe. Trunksüchtig, ungebildet, grauenhaft. Wenn man die im Film sehen würde, man würde es nicht glauben. Es war eine Branche, die soff, die hurte, die sich selber berühmte. Es lief ja auch alles wie von selbst. Die Verlage hatten im Gegensatz zu heute durch ein reiches Anzeigenaufkommen aberwitzige Summen zur Verfügung. Es war irgendwie ein Redlight District, und gerade München war eine Sumpfblüte dieser Branche. Das war so irre, so unseriös wie die Schlagerbranche.« Aber Josef von Ferenczy aus Kecskemét kam mit diesen Protagonisten zu Rande, auch wenn er ihre Sprache nur gebrochen sprach und die Abschiedsformel »Tschüs« wie das österreichische »Servus« benutzte, also sowohl zur Verabschiedung als auch zur Begrüßung. Leute, die diesen Sprachgebrauch nicht kannten, waren zuerst einmal irritiert, wenn Ferenczy, gleich nachdem man sich gemeldet hatte, »Tschüs« sagte. Sie dachten, er wollte auflegen. Er wollte aber Geschäfte machen.

Die Zusammenarbeit mit Autoren und Abnehmern muß höchst unterschiedlich abgelaufen sein. Viele Geschichten filterte Ferenczy höchstpersönlich aus der Flut von Erzählungen heraus, die täglich ineinander verkeilt und miteinander verwoben das Zeitgespräch der Gesellschaft darstellen, so zum Beispiel die Story des Arztes Dr. Köhler und seiner Stalingrad-Erlebnisse. Ferenczy ermittelte den Mann und versuchte, ihn zum Verfassen einer Autobiographie zu bringen. Das mißlang. Dann suchte er sich einen früheren Kriegsberichterstatter der deutschen Wehrmacht in Frankreich und an der Ostfront, Heinz Günther, der sich schon seit einigen Jahren als ziemlich erfolgloser Dramatiker, Romancier, Dramaturg und Journalist durchs Leben schlug. Er nannte sich, weil er eine »ostische Seele« in sich vermutete, Heinz G. Konsalik. Das Ergebnis war (1956) eines der meistgelesenen Bücher der Nachkriegszeit mit einer Auflage von mehr als dreieinhalb Millionen: »Der Arzt von Stalingrad«.

Es gab aber offenbar auch den umgekehrten Weg. Oswalt Kolle, der mit seinen (von Ferenczy vermarkteten) Serien, Büchern und Filmen über die Frau, das Kind und den Mann, »Das unbekannte Wesen«, die Kommunikation der Deutschen über Sexualität revolutioniert hat, besteht darauf, daß die Idee zu diesen höchst erfolgreichen Produkten von ihm selber kam: »Das ist meine Arbeit.« Ferenczy allerdings habe Ewald Struwe, den Chefredakteur der gerade zusammengelegten Blätter »Revue« und »Neue Illustrierte«, der eigentlich keine wissenschaftlich recherchierten Texte wollte, sondern kleine Schlüpfrigkeiten über Skihaserln im Schnee, »in harter Knochenarbeit« dazu gebracht, diese Texte zu akzeptieren. Sie wurden dann ein sensationeller Erfolg.

Und offensichtlich gab es auch Prozesse der Osmose. Kolle schildert ein Gespräch zwischen Ferenczy und dem alten Senator Burda in der Halle des »Bayerischen Hofs« in München, das er miterlebte. Ferenczy: »Dr. Burda, wenn Sie könnten schreiben, müßten Sie Romane schreiben. Sie sind beste Romanautor von Welt.« Burda: »Ja, wissen Sie, ich hab da so viele Ideen. Ich hab so viele Ideen.« Ferenczy: »Müssen Sie sagen.« Burda: »Ja, i möcht ä Roman habbe von ä Büble und ä Mädle. Die habbe sich furchtbar lieb, aber die Eltern sind dagege, und zum Schluß kriege se sich.« Ferenczy: »Dr. Burda, ich will Idee, ich will Idee. Darf nicht kleiner Autor machen. Muß großer Autor machen. Muß viel Geld kosten. Ist toll.«

Ferenczy hat mit Burda viele Geschäfte gemacht, nicht so viele wie mit dem Haus Bauer, das über zwei Jahrzehnte der Hauptabnehmer Ferenczys war, aber doch genug für eine solide Geschäftsbeziehung. Sie geht übrigens längst in die zweite Generation. Hubert Burda, der heutige Verleger der »Bunten« (und vor allem des »Focus«), erinnert sich genau an ein eindrucksvolles Mittagessen in den »Walliser Stuben«, zu welchem ihn Ferenczy einlud. Das war Ende der fünfziger Jahre, Burda war damals achtzehn. Ferenczy weiß, warum er mit wem zu Mittag ißt. Ferenczy sei, sagt Hubert Burda, der gut und gern englisch spricht, ein »Meister der Connectivity«.

Es war Frühzeit, Gründerzeit, Nachkriegszeit. Helmut Karasek hat über die erfolgreichsten Kulturprodukte der fünfziger Jahre, über Ernst Marischkas »Sissi«-Filme bemerkt: »Die schwere Süße der Filme macht deutlich, welcher Säuernis und Bitternis die damaligen Zuschauer zu entrinnen hatten.« Ferenczy, der Überlebenskünstler, hatte das begriffen. Er hatte seine wichtigsten Erfahrungen sozusagen in kleinen Konserven zum allgemeinen Gebrauch aufbewahrt: Eine Portion feurigen Idealismus, eine Portion Hoffnung auf blöde Zufälle, eine Prise Fatalismus und einen etwas überdimensionierten und altmodischen Vorrat an kakanischer Ritterlichkeit. So wurde er zu einer Art Medium dieser fünfziger Jahre: Er begriff seine Zeit, er hörte, um eine Formulierung des großen kakanischen Schriftstellers Robert Musil zu verwenden, das Gras seiner Zeit wachsen. Geschickt wie er war, machte er aus dieser Fähigkeit ein Geschäft. Dieses Geschäft wurde von 1954 ab von Jahr zu Jahr besser. 1957 gründete er den Kern der Firma, »Film-Presse-Agentur« genannt, damals noch unter dem italienischen Namen seiner Frau (Salvaggio), die er im Oktober 1958 dann endlich heiraten konnte. Es ging aufwärts, aufwärts, aufwärts.

Natürlich, die alten Eliten waren gegen ihn. Hubert Burda hat ein paar Namen aufgezählt: die Dönhoffs und die Lehndorffs, die Törrings und die Prinzen in Bayern. Die Aufzählung ist höchst unvollständig. Der Herr mit der Duftwolke (»Ferenczy was here«) galt als Parvenü; mit so jemandem geht man nicht einmal über die Straße, sagte ein berühmter Wiener Opernsänger seiner Tochter, die er mit ihm über die Maximilianstraße hatte gehen sehen. Ferenczy war der König der Aufsteiger. Das mochte das gestandene München nicht. Viele wichtige Leute schnitten ihn. Das Gute war, daß diese wichtigen Leute in der Vergnügungsbranche selten eine wichtige Rolle spielten.

Sie verkannten im übrigen schon damals Ferenczys Fähigkeit zur Selbstironie. Als er das erste Mal an den Hof Axel Springers geladen wurde, zu den Hanseaten also, wußte er genau, was man im kühlen Norden von ihm hielt. »Sie wollten einen Zigeuner«, soll er zu Kolle gesagt haben. »Den habe ich ihnen gegeben. Ich habe mir bunte Schlipse gekauft und Pomade ins Haar geschmiert. Die Sache lief wunderbar.« Und als er irgendwann (bei anderer Gelegenheit) bemerkte, daß Sven Simon, der Sohn Axel Springers, ständig konsterniert auf seine violetten Socken starrte, fragte er ihn, die eigene Rede unterbrechend, plötzlich: »Scheen geschmacklos, was?« Einerseits entsprachen die Brokatjäckchen der damaligen Zeit durchaus seiner Sehnsucht nach der Welt der ungarischen Herren und seiner Freude darüber, nicht in einem Wiener Gefängnis oder an einem Budapester Galgen geendet zu haben. Andererseits gehörte das, was das gehobene deutsche Bürgertum (unternehmerischer und sozialdemokratischer Provenienz) als unseriös betrachtete und betrachtet, schon damals zum Gesamtkunstwerk Ferenczys. Heute benutzt man, wenn man ein Unternehmen von anderen unterscheiden will und es daher stilisiert, den amerikanischen Begriff der »Corporate Identity«. Ferenczy wußte, schon in den Fünfzigern, instinktiv, was das ist, obwohl der Begriff damals in Europa völlig unbekannt war. Er wollte unverwechselbar sein. Er war unverwechselbar.

Im übrigen scheint er genau gewußt zu haben, bei welchen Gelegenheiten ein bohemehaftes Gebaren angebracht ist und bei welchen nicht. Viele Gesprächspartner behaupten, daß er immer wieder gesagt habe: »Wer so unseriös aussieht wie ich, muß im Geschäft knochenseriös sein.« Er selbst kann sich an diesen Satz nicht mehr erinnern. Tatsache ist, daß ihm alle seine Autoren – ob sie noch mit ihm zusammenarbeiten oder nicht – bestätigen, daß er altväterliche geschäftliche Tugenden in Ehren hielt. Seine Verträge waren teuer; er verlangte von fast allen seinen Autoren fünfundzwanzig Prozent. Das war mehr, als alle anderen Agenten für sich reklamierten. Gleichzeitig trieb er die Preise für seine Leute aber so hoch, daß sie trotz der fünfundzwanzig Prozent Tantieme weit mehr verdienten als vorher. Will Berthold hat das in den (in der Branche berühmten) Satz gefaßt: »Ohne Ihnen – nix verdienen.«

Und Berthold hatte zuerst einmal ein Erlebnis mit Ferenczy, das ihn schockte. Ferenczy bot ihm für den »Spion für Deutschland« zwanzigtausend Mark. Berthold akzeptierte. Kurz darauf aber erfuhr er, daß Ferenczy für den Verkauf des Manuskriptes achtzigtausend zugesagt bekommen hatte. Es muß ein hartes Gespräch zwischen dem Agenten und seinem Autor gegeben haben. Ferenczy erhöhte das Honorar schließlich auf das Doppelte. Die erste Rate brachte er zwei Stunden nach dem Eklat: in Hundertmarkscheinen. Berthold rühmt heute, nach einer jahrzehntelangen Erfahrung, seinen Medienmanager als hundertprozentig verläßlichen Partner.

Auch ein Teil des Ferenczy-Geheimnisses: In seiner Zunft scheinen, legt man die Äußerungen seiner Autoren zugrunde, die Ehrbegriffe der Meistersinger von Nürnberg praktiziert worden zu sein. Ob dieser Eindruck nun richtig ist oder trügt: Die Betroffenen tragen ihn im Herzen und auf den Lippen. Deutsche pflegen Ungarn in nonchalanter Kenntnislosigkeit für Levantiner, Zigeuner, Schlawiner, eben »Balkan«

zu halten. Ferenczy hat ihnen (höchst bewußt) vorgeführt, daß ein Ungar auch das verkörpern kann, was sie für preußisch halten. In Ungarn, seiner Heimat, gilt Ferenczy heute als »wilder Germane«. Man kann das alles für Geschäftstaktik halten. Wenn es eine war, war es jedenfalls eine kluge.

Weiß der Himmel, was der Zeitgeist ist. Auf einer lange zurückliegenden Tagung der Deutschen Wissenschaftlichen Gesellschaft, die sich mit diesem Phänomen beschäftigte, zog ein alter, hochberühmter Gelehrter selbstironisch ein Fläschchen hervor und zeigte es dem Auditorium: Hier sei er gefangen, der Zeitgeist. War Ferenczy im Besitz dieser Phiole? Vermutlich nicht. Wie konnte er dann jene thematischen Zuspitzungen in Bewegung setzen, die in kulturhistorischer Betrachtung heute als »Wellen« erscheinen, als mächtige Zeitströmungen, die die deutsche Emotionskommunikation prägten und das deutsche Publikum veränderten?

Alphons Silbermann, dieser wunderbar praktische und wunderbar zynische jüdische Intellektuelle, der sich mehr als die meisten deutschen Soziologen mit »deutscher Kultur« beschäftigt hat (vielleicht weil er vor ihr einmal für zwei Jahrzehnte fliehen mußte), hat Ferenczy attestiert, daß er mit seinen populären Texten sechs Wellen in Gang gesetzt habe. Er bezeichnet sie mit den Begriffen:

- Vergangenheitsaufarbeitung (NS-Stoffe, Wehrmacht, Krieg)

- Wirtschaftswunder (William S. Schlamm: »Grenzen des Wunders«; »Mercator«; Diether Stolze: »Aufstieg der Deutschen / Wie bleiben wir reich?«)
- Gesundheit
- Familie
- Essen
- Aufklärung (Oswalt Kolle)

Die Achtundsechziger glaubten später, diese Aufstülpungen der Volksseele seien nur »Manipulation«, also Machenschaft herrschender Kreise gewesen. Dagegen spricht nicht nur die Entfernung, in der sich der staatenlose, paßlose und illusionslose Immigrant Ferenczy zu den Machtzentren der damaligen Zeit befand. Er war zwar alles andere als ein Umstürzler; er war ein unternehmender Unternehmer, ein Seelenverkäufer. Die Kriegsliteratur zum Beispiel, die er anregte und vermarktete, lebte vom Gegensatz des bösen NS-Führungsoffiziers und des guten Landsers; das war der Diskurs, den die Mehrheit der deutschen Männer auch wollte und brauchte. Die Verbrecher waren die Goldfasane, nicht die bärbeißigen, anständigen, verführten Majore und Unteroffiziere. Falsch. Aber viele »seiner« Texte transportieren eben auch den antiautoritären Protest der eingezogenen Unterschichten gegen die bürgerliche Offizierskaste und ihre Erfüllungsgehilfen im Unteroffiziersrang.

Genauso Kolles Wasserstandsberichte über das Sexualklima der sechziger Jahre: Feministisch waren sie nun nicht gerade. Aber in einer Atmosphäre, in der im Film jeder voreheliche Geschlechtsverkehr bestraft werden mußte, ermutigten sie Schadenssachbearbeiter der »Allianz« und Verkäuferinnen von »Quelle« zu freieren, selbstbestimmteren Verhaltensweisen. »Ambivalent«, würde der Analytiker sagen, zweideutig. Die Machtverhältnisse werden nicht offen in Frage gestellt; zur Massenkultur wird andererseits nur, was auch den kleinen Leuten, die Ferenczy »Straßenbahnmenschen« taufte, Vergnügen bereitet. So kommt Widerstand und Opposition ins Spiel.

Was waren das für Wellen des Zeitgeistes, die Ferenczy auslöste und auf denen er gleichzeitig ritt? Um es am Beispiel der »Vergangenheitsaufarbeitung« zu sagen, die Michael Radtke treffender die »Welle vom anständigen Deutschen im unanständigen Krieg« genannt hat: Es waren Hunderte von Texten über das Leben der Deutschen in der NS-Diktatur, die gleichzeitig als Illustriertenserien, populäre Bücher und Filme verwertet wurden. Neben dem »Spion für Deutschland« und dem »Arzt von Stalingrad« hießen die Titel zum Beispiel: »Soldatensender Calais«, »Geheimaktion Schwarze Kapelle«, »Division Brandenburg«, »Kriegsgericht«, »Strafbataillon 999«, »Kriegsbräute«, »Nachts, wenn der Teufel kam«, »Prinz-Albrecht-Straße«, »Lebensborn«, »Dirlewanger«, »Etappe Paris«, »Schlachtschiff Bismarck«, »Fallschirmjäger«, »Malmedy I und II«, »Getreu bis in den Tod« oder »Vom Himmel zur Hölle«. Aus diesen Texten erfuhren die Deutschen von vielen Verbrechen der Nationalsozialisten. Gleichzeitig aber wurden die Leser, von denen viele ja auch Täter waren, in Schutz genommen. Die Tatsache, daß sich Hitler bis weit in die vierziger Jahre hinein auf sein deutsches Volk verlassen konnte, blieb im dunklen.

Bernt Engelmann hat versucht, die Machart dieser Texte zu analysieren. Sein Schema ist zu einfach. Es gibt aber einen ersten Eindruck von den formalen Gesetzen des Illustrierten-Romans, die in den Werkstätten, die für Ferenczy arbeiteten – Heinz von Nouhuys hatte zeitweise in seinem Privathaus in Steinebach am Wörthsee sechs bis acht junge Leute sitzen, die einzelne Folgen schrieben, darunter Sandra Paretti –, geprägt wurden.

Engelmann schreibt: »Sobald Josef von Ferenczy gelernt hatte, daß der Kampf der Illustrierten um Leser (und damit um Anzeigen, die wiederum die Existenz garantierten) seit dem Siegeszug des Fernsehens nicht mehr mit aktuellen Fotos ausgefochten werden konnte, sondern nur noch mit Fortsetzungsromanen und Tatsachenserien, stellte er einige Beobachtungen an.

Er fand mancherlei Erstaunliches heraus: Einmal, daß die interessanten ›Stoffe‹ keineswegs rar waren, sondern sozusagen auf der Straße lagen; man brauchte sich nur danach zu bücken.

Zum anderen, daß die Illustriertenredaktionen offenbar ›betriebsblind‹ geworden sein mußten: Sie blickten wie hypnotisiert auf die Konkurrenz, ahmten einander sklavisch nach und erkannten oftmals nicht den Wert einer guten Geschichte, selbst wenn das Manuskript vor ihnen lag. Drittens aber fand von Ferenczy den typischen Illustrierten-Leser. Er taufte ihn den ›Straßenbahnmenschen‹, weil er beispielsweise in der Straßenbahn die Zeit totschlagen muß und dies auf möglichst angenehme, mühelose und spannende Weise tun möchte. Ein Fortsetzungsroman, der ihm dies ermöglicht, findet seinen dankbaren Beifall. Doch solch Lesestoff muß bestimmte Voraussetzungen erfüllen: Er muß voll Aktion sein, ohne lange Betrachtungen, Reflexionen oder sogar Landschafts- und Personenbeschreibungen. Wie der Held und die Heldin aussehen, kann getrost der Phantasie des Lesers überlassen bleiben; ein paar Äußerlichkeiten genügen als Anhaltspunkte.

Vor allem muß der Leser in einem ständigen Erlebnisstrudel gehalten werden, und am Ende der Fortsetzung muß ein dramatischer Höhepunkt eingebaut sein, der den gefesselten Leser auf das Erscheinen der nächsten Folge warten läßt.

Es darf in der Geschichte nur wenige Hauptpersonen geben – nach Ferenczy höchstens sieben – und diese müssen sich untereinander in möglichst einfacher, direkter Rede verständigen. So besteht denn die richtige Geschichte für ›Straßenbahnmenschen‹ vorwiegend aus flotten Dialogen. Dazwischen sind spannende Szenen eingestreut, die rasch wechseln.

Rückbezüge sind verpönt – der Leser müßte sich ja erst besinnen, was er vorher schon einmal gelesen hat – desgleichen komplizierte Wechsel von der Vergangenheit in die Vorvergangenheit. Und natürlich muß jede Story ein befriedigendes Ende haben ...«

Wir werden uns drei der Schlüsseltexte aus der frühen Ferenczy-Produktion genau ansehen. Tatsache ist: Nach seinem Start mit dem Verkauf der Rechte an der Fußballweltmeisterschaft-Dokumentation brauchte Ferenczy nur wenige Jahre, um sich zu einer Art Zentralredaktion für die auflagenstarke deutsche Wochenpresse zu entwickeln, von den Illustrierten über die Produkte des Springer-Verlags bis zu Blättern wie »Sieben Tage«. 1959 brachten die sieben führenden deutschen Illustrierten zusammen achtundsiebzig Fortsetzungsromane oder Tatsachenberichte heraus. Vierunddreißig davon, also fast die Hälfte, stammten schon aus dem Haus Ferenczy. Im Februar 1962 berechnete der »Spiegel«, daß »allein in diesem Monat mindestens zwölf Fortsetzungsberichte in deutschen Illustrierten, mindestens sechs Fortsetzungsberichte in Wochenblättern wie ›Heim und Welt‹ oder ›Sieben Tage‹, rund vierzig Nachdrucke in deutschen Tageszeitungen und mindestens fünfundvierzig Fortsetzungsromane in anderen westeuropäischen Blättern von der ›FPA‹ stammten«. Ferenczy hatte bis zu einhundertvierzig Autoren unter Vertrag. Er verdiente mehr Geld als jemals zuvor – und als jemals danach.

Man kann auch den Ferenczy dieser Jahre nicht auf den Impresario der Populärkultur vereinfachen. Der Mann hatte (und hat) zehn Ideen pro Tag; es bleibt ihm nicht viel anderes übrig, als neun oder acht wegzuwerfen, weil er sie gar nicht weiterverfolgen kann.

Neben den Ge- und Verbrauchstexten für die Illustrierten und die Filmindustrie entstanden zum Beispiel die abendfüllenden Dokumentarfilme »Der Nürnberger Prozeß« oder »Die Diktatoren« (Autor Eugen Kogon). Die »Wirtschaftswunder«-Welle, von Ferenczy selbst »Made in Germany«-Welle genannt, getragen von Autoren wie William S. Schlamm und Diether Stolze (der Ferenczy durch einen Kommentar in der Münchener »Abendzeitung« auffiel und den er genauso vorbereitungslos und spontan anschrieb wie die FIFA in Genf), war polemische, rechtsliberale, aber seriöse »Nonfiction«. Die deutsche Seele aber traf er mit seiner Witterung für das Narrative. Was war der Denkansatz, der Blickwinkel, der »Approach«, der es ihm ermöglichte, die widerstreitenden Tendenzen der Wirklichkeit so zu ordnen, daß er den Nerv der Leute traf?

Ernst Cramer, jahrzehntelang Vorstand bei Springer, faßt die Antwort in einen knappen Satz: »Er hat eben nicht das ganze Gepäck.« Cramer, der aus einer jüdischen Familie in Augsburg stammt, im Dritten Reich emigrieren mußte und nach dem Krieg als amerikanischer Offizier nach Deutschland zurückkam, kennt die Vorteile und Nachteile von Fremdheit. Für ihn ist gerade Ferenczys Herkunft aus der Puszta das wichtigste Grundkapital. Es sei wie bei Gregorovius, der von außen die beste Geschichte Roms geschrieben habe. Cramer: »Er hat die Deutschen mit großen Augen angesehen und an ihnen Dinge gesehen, die man selbst übersieht.«

Ferenczy, um 1960. Eine Art Zentralredaktion für die auflagenstarke Wochenpresse.

Die Fremdheit gab ihm nämlich eine Chance, die ein Deutscher so leicht nicht nutzen konnte. Man könnte es die Philosophie der Positivität nennen. Darin steckt einerseits eine Fairneß-Doktrin – niemanden verurteilen, solange man gegen ihn keine Beweise hat. Andererseits hat diese Philosophie auch ein Element ölglatter Freundlichkeit und praktischer, aber auch ein wenig forcierter Stimmungskanonen-Fröhlichkeit. Als Zeitungsformel ist die Philosophie der Positivität das Gegenteil der ironischen Voreingenommenheit, mit der Augsteins »Spiegel« an die Menschen herangeht. Kurz, die Philosophie der Positivität hat eine ihrer möglichen Realisierungsformen in Helmut Markworts »Focus« gefunden, allerdings Jahrzehnte, nachdem Josef von Ferenczy sie zur Leitschnur seiner Arbeit machte. Passenderweise gibt es eine Schlüsselszene zwischen Ferenczy und Gerd Bucerius, dem langjährigen Verleger von »Zeit« und »Stern«, in der dieses Thema angeschlagen wurde. Bucerius bat Ferenczy, ihm William S. Schlamm auszuleihen, als Chefredakteur für einen »Gegenspiegel«. Ferenczy war dazu bereit. Er wollte Schlamm sowieso loswerden, weil der ihm zu sehr nach rechts driftete. In diesem Zusammenhang sagte er zu Bucerius aber die für ihn typischen Sätze: »Hören Sie mich an. Ich bin ein Zugereister, Sie sind ein großer Verleger, und Sie sind hier zu Hause. Aber bitte merken: ›Gegen‹, das gibt es nicht. Man kann in diesem Revier vielleicht etwas Neues machen. Aber die Gattung ›Gegenspiegel‹ existiert nicht.« Es haben sich noch viele Leute mit dem

»Gegenspiegel« die Finger verbrannt, weil sie Ferenczy nicht glaubten. Erst Burda und Markwort kamen auf den gleichen Trichter und waren damit dann auch erfolgreich.

Wenn Ferenczy seine Philosophie der Positivität heute formuliert, klingt das so: »Dieses deutsche Volk ist zwar ein großes Fehlerfeststellungskomitee. Andererseits bestimmt dieser begabte, korrekte und in Europa entscheidende Faktor aber auch die Frage, wie es überhaupt weitergeht in Europa. Und nun besteht dieses Volk aus lauter Komplexen. Ich habe gesagt, ich bin ein Zugereister, mir kann niemand sagen, da kommt ein ungarischer Nazi, oder da kommt ein deutscher Nazi oder was auch immer. Ja, natürlich, als es um die Fußballweltmeisterschaft ging, hat mich jemand angerufen und hat gesagt: Ferenczy, wir sind wieder wer. Ich habe dann gesagt: Ich wage das zu machen. Es gibt gute Deutsche, korrekte Deutsche, schlechte Deutsche. Es gibt auch gute Ungarn, schlechte Ungarn usw. Ich stelle mich dazu, weil das meine Überzeugung ist.«

So streichelte Ferenczy das Selbstbewußtsein der gebeutelten Nation. Michael Radtke hat gemeint, Ferenczy habe auf die großen Kompensationsmechanismen der »Wann-sind-wir-endlich-wieder-wer-Zeit« gesetzt. Das ist aber nur ein Teil der Wahrheit. Mit dem behäbigen Besitzerstolz bürgerlichen Nationalbewußtseins hat dieses gebrannte Kind, das schon in frühester Jugend den Spruch »Ungarn über alles« gehört und nicht gemocht hatte, nie etwas anfangen können. Seine Philosophie der Positivität gab ihm eher die Chance, die Bedürfnisse der Leute nicht herunterzumachen, sondern zuerst einmal zu versuchen, sie zu verstehen. Ferenczys Frage war: Was interessiert die Menschen? So kam er auf »elementare« Bedürfnisse. Die Menschen interessierten sich für ihre Gesundheit, fürs Essen und seine Verfeinerung, für ihr Liebesleben. Wie banal – sagt die dünne, unbeständige Schicht der Intellektuellen. Die Themen liegen auf der Straße, würde Ferenczy antworten. Also machte er die Gesundheitswelle, die Eßwelle, die Aufklärungswelle.

Natürlich unterliefen auch ihm Fehleinschätzungen. Weil ihn die Philosophie der Positivität dazu trieb, Deutschland als Reiseland positiv zu sehen, versuchte er eine »deutsche Reisewelle«. Er wollte Deutschland für die Deutschen bekannt machen. Aber abgesehen davon, daß das die Reisebüros nicht mochten – die Deutschen selbst wollten bei ihren Reisezielen bleiben, damals bei Teneriffa und Mallorca, jetzt längst beim Abenteuerurlaub in der Serengeti oder beim Hochleistungsklettern auf den kleineren Himalaya-Gipfeln. Auch eine Humorwelle mißlang. Ferenczy behauptet, die Deutschen würden zwar Witze kennen, hätten aber keinen Humor. Wir lassen das dahingestellt. Der Herr der Wellen konnte auch zu seiner Hoch-Zeit nicht mit jedem Wind Wellen erzeugen. Mancher Wind war zu schwach, mancher wechselte zu rasch die Richtung. Inzwischen scheint sowieso Windstille zu herrschen. Ferenczy hat lange einen »neuen Kolle« gesucht. Offenbar vergebens. Und im übrigen ist heute das mächtigste Medium das Fernsehen, in dem Ferenczy nie wirklich erfolgreich war. Noch immer verkauft er allerhand Stoffe. Zu Wellen verdichten sie sich nicht mehr.

Und mit welchen Texten setzte Ferenczy seine Wellen in Bewegung? Nimmt man die Schlüsseltexte der drei wichtigsten – in Silbermanns Terminologie »Vergangenheitsaufarbeitung«, »Wirtschaftswunder« und »Aufklärung«, also Konsaliks »Arzt von Stalingrad«, William S. Schlamms »Grenzen des Wunders«, Kolles Berichte über Kind, Mann und Frau »Das unbekannte Wesen« –, sieht man auf den ersten Blick, daß Ferenczy weder ein ideengesteuerter Verleger (wie zum Beispiel der späte Axel Springer) noch gar ein Ideologieplaner, ein Prägestock der öffentlichen Meinung war. Ferenczy versammelte in seinen Autorenteams die unterschiedlichsten Leute. Die »ostische Seele« Konsalik (mit ihren gelegentlichen Aufschwüngen zu reaktionärer Völkerpsychologie und vulgären Vorurteilen) ist von ganz anderer Machart als der außenpolitische Realismus des bekehrten Linken William S. Schlamm oder die linksliberale Sozial-, Individual- und Kinderpsychologie Oswalt Kolles. Ferenczy hielt sich immer in vorsichtiger Entfernung von Positionen, die ihm instinktiv als extrem vorkamen. So war ihm Schlamm, wie gesagt, gelegentlich zu rechts, Engelmann zu links. Aber er hatte keinerlei Probleme, den ausgewiesenen Linken Will Berthold im gleichen Weinberg zu beschäftigen wie eben Konsalik.

Er war auf lesbare, offene, vielfältige Texte aus, auf Texte, die den Leser einerseits nicht übermäßig herausforderten, andererseits aber doch lose Enden hatten, die sich einer vollständigen Kontrolle entziehen. Ferenczy war und ist ein kultureller Populist, interessiert vielmehr an den Vergnügungen seines Publikums als an politischen oder ökonomischen Zielsetzungen. Er war und ist also weder ein Axel Springer noch ein Lion Feuchtwanger. Weder ein nationalliberal-religiöser noch ein linker Überredungskünstler. Charakterhelden würden sagen, er sei ein Opportunist. In Wirklichkeit ist er eine Art Gesprächsanwalt in den Erzählmedien, ein Spezialist für emotionale Kommunikation.

Vergangenheitsaufarbeitung – dieser (Silbermannsche) Begriff ist etwas besser als der der »Vergangenheitsbewältigung«. Trotzdem kann man fragen, ob es so etwas überhaupt gibt. Wird man geheilt, wenn man nur genug »erinnert« und »durcharbeitet«? Unbestreitbar ist, daß die Deutschen sich in den fünfziger und sechziger Jahren, unter anderem angeregt durch Ferenczy, geradezu besessen mit ihrer Vergangenheit, ihren Helden und ihren Verbrechern beschäftigt haben. Bis zu zwanzig Millionen Deutsche konsumierten in den fünfziger Jahren Woche für Woche die Fortsetzungsgeschichten der großen Illustrierten. Aber was schlossen sie daraus? Konsaliks »Arzt von Stalingrad« war keineswegs das beste, sicher aber das erfolgreichste Produkt jener »Vergangenheitswelle«. Die Hauptfigur, im Roman »Dr. Böhler«

genannt, ist der Leiter des Lazaretts eines großen Gefangenenlagers bei Stalingrad. Ein positiver Held: er operiert perforierte Blinddärme mit dem Taschenmesser, orientiert sich strikt am ärztlichen Ethos und will in Gefangenschaft bleiben, bis der letzte Kriegsgefangene nach Deutschland zurückkehren konnte. Der Roman schildert realistisch das Schicksal kriegsgefangener Deutscher im Rußland der späten vierziger und frühen fünfziger Jahre. Er verschweigt auch nicht, daß es russischen Gefangenen der Naziwehrmacht oft genug nicht besser ging. Aber wie hat er die Konfrontation von Russen und Deutschen – die Russen hatten die Deutschen nicht eingeladen, Deutschland hatte Rußland überfallen – dargestellt?

Bei dem russischen Wachpersonal, das Konsalik vorführt, bemüht er sich um Differenzierung. Zwar ist das Russenbild Konsaliks grauenvoll klischeehaft. Am deutlichsten sieht man das an der Figur der Ärztin Dr. Alexandra Kassalinskaja. »Alexandra ist wie eine rassige Stute. Wenn ein Mann sie ansieht, kann er gar nicht anders, als sie nehmen.« Eine »asiatische Katze«, die einerseits Schwerkranke für harte Arbeit gesundschreibt, andererseits aber in überströmender Menschlichkeit Penicillin-Schachteln verschenkt. Auch der Lagerkommandant Major Worotilow ist von ähnlicher Machart. »Er wurde steif und spürte Brutalität in sich aufsteigen. Das erschreckte ihn, aber er wehrte sich nicht dagegen. Es ist meine Natur, dachte er. Ich bin ein Russe. Ich bin der Sieger. Seine Reitgerte fuhr zischend durch die eisige Luft. ›Ruhe‹, brüllte er.« Aber immerhin gibt es Unterschiede. Der Leutnant Markow will, daß alle Kriegsgefangenen verrekken, und tritt ständig mit den Füßen um sich. Der Arzt Dr. Kresin aber verbirgt hinter zynischen Sprüchen Vernunft und Menschlichkeit. Und es gibt kommunistische Kommissare, von den Kommunisten abhängige, kritische Soldaten und sogar eine überzeugte Kommunistin, die zwar lungenkrank ist und sterben muß, aber jedenfalls nicht als rote Hacke gezeichnet wird. Der Text ist im ganzen antikommunistisch, aber nicht antirussisch.

Auch transportiert das Buch Konterbande. Unter den Gefangenen kommen auch »unangenehme Schlägertypen« vor, »wie sie bei allen Truppen zu finden sind, Soldaten, die für eine Scheibe Brot morden können und den besten Freund verraten, um weiterzukommen«. Und gelegentlich darf auch eine negative Figur die Wahrheit sagen: »Wer hat gesagt, es gibt zu viele Russen – wir müssen sie verhungern lassen?« fragt der Leutnant Markow. »Wer wollte den Osten aufnorden? Wer hat unser Land ausgepreßt und hundert Mann erhängt, wenn ein deutscher Soldat erschossen wurde, weil er gestohlen oder geschändet hat? Wer schickte nach Minsk oder Smolensk Gauleiter, die mit Lastwagen Möbel, Gemälde und wertvolle Teppiche nach Deutschland schafften? Wer, du deutsches Mistvieh? Ihr, euer Führer, der euch allein ließ, als es euch dreckig ging. Eure schwarze Bande mit dem Totenkopf hat meine Mutter und meinen Bruder erschlagen, weil sie des Nachts aus Hunger bettelnd durch die Dörfer zogen… meinen Vater habt ihr umgebracht in Stalino, meine Schwester liegt unter den Trümmern von Charkov… und ihr steht hier stolz, frech und spielt immer noch die Herren?« Auch aus solchen Passagen kann man Informationen gewinnen.

Die Deutschen allerdings sind in diesem Roman ein einig Volk von Unterdrückten. Gut, es kommt ein früherer Nazi vor, der sich für den MWD, den sowjetischen Geheimdienst, verpflichtet hat. Den ersäufen die anständigen Kriegsgefangenen dann auch fast in der Latrine; und selbst der humanistische Dr. Böhler (der ihn zwar rettet) findet das nicht völlig unverständlich. Auch wird gezeigt, daß sich ein paar hundert Gefangene – in der Hoffnung, schneller in die Heimat zu kommen – als Mitglieder der Kommunistischen Partei melden. Keine große Charakterleistung. Aber Soldaten, die sich am Zusammentreiben oder am Umbringen von Juden beteiligt haben, gibt es in diesem Roman genausowenig wie nach wie vor überzeugte Nazis. Der einzige Vertreter des Nationalkomitees Freies Deutschland, der Truppe um den General von Seydlitz, ist ein feister, monokeltragender Major mit glänzenden Stiefeln, der von den Kommunisten ausgehalten wird. Also weit nach links darf man sich – bei Konsalik – von Hitler nicht entfernen. Vieles, was über den Nationalsozialismus im besonderen und die deutsche Geschichte im allgemeinen zu lernen wäre, läßt sich aus diesem Roman nicht lernen.

Es ist also einerseits nicht gerechtfertigt, die Populärliteratur der fünfziger und sechziger Jahre über das Dritte Reich als aufklärerisch zu feiern. Andererseits hat nur diese Massenliteratur eine zwar unzureichende und mit vielen Mißverständnissen und Selbstrechtfertigungen behaftete, aber doch offene Kommunikation über das Verhalten der Deutschen im Dritten Reich ausgelöst. Die Betroffenen wollten die Akten ja am liebsten schließen. Michael Schornstheimer hat das in seiner Studie über Nationalsozialismus und Krieg in den Illustrierten-Romanen von »Quick« und »Stern« (»Die leuchtenden Augen der Frontsoldaten«) im einzelnen nachgewiesen. Daß Jüngere nach 1968 überhaupt Rohstoff – und solcher Rohstoff besteht nicht nur aus Informationen, sondern auch aus Emotionen – vorfanden, um eine kritische Debatte über das Verhalten ihrer Väter zu beginnen, liegt mit Sicherheit nicht nur an guten Geschichtslehrern an deutschen Gymnasien und preziösen Texten der Hochliteratur. An den offen ausgesprochenen oder auch unterschwelligen Thesen, die Ferenczys Geschichtswelle in den Fünfzigern und frühen Sechzigern transportiert hat, war später vieles zu korrigieren. Die kritischen Debatten der siebziger Jahre über den Nationalsozialismus wären aber nicht möglich gewesen ohne die kontroverse und verbohrte, informationshaltige und ideologisch verzerrte Debatte in der Massenkultur der Fünfziger.

Von einem allerdings sollte man sich trennen: von der Hoffnung auf »Bewältigung«. Schornstheimer,

Ferenczy, 1970. Er war auf lesbare, offene, vielfältige Texte aus …

der 1956 geboren ist und seinen Eltern und Großeltern kein übertriebenes Verständnis entgegenzubringen wünscht, sagt zu Recht: »Wir müssen uns ... damit auseinandersetzen, daß eine Bewältigung in jenem positiven, erfolgreichen Sinn von der unmittelbar betroffenen und verantwortlichen Generation gar nicht hätte geleistet werden können, selbst wenn ansatzweise eine Bereitschaft dazu vorhanden gewesen wäre. Woher sollte denn der plötzliche Gesinnungswandel kommen? Woraus sollten mit einem Mal die ›Fähigkeit zur Trauer‹, die intellektuelle und psychische Kraft zur Reflektion und Selbsterkenntnis wachsen? Etwa durch die militärische Niederlage, die die Bitterkeit doch nur vergrößerte? Hätte es dann, die gesamtgesellschaftliche Fähigkeit zu einer konstruktiven, erfolgreichen ›Bewältigung‹ vorausgesetzt, überhaupt zum national-sozialistischen Terrorstaat kommen können? Die anhaltende Klage über die ›unbewältigte Vergangenheit‹ erweist sich – bei aller moralischen Legitimität – nicht als produktiv. Wir müssen uns, um eine Formulierung von Ernest Dichter zu paraphrasieren, zuerst damit auseinandersetzen, was und wie die Menschen tatsächlich denken, bevor wir uns damit befassen, was und wie sie denken sollten.«

Dieser Gedanke ist nicht auf Ferenczy und seine Autorenriege gemünzt. Er paßt allerdings auf sie. Emotional aufwühlende Kommunikationsprozesse zwischen vielen Menschen bringt man nur zustande, wenn man fragt, was und wie die Menschen wirklich denken.

William S. Schlamms Bericht über Deutschland »Die Grenzen des Wunders« – den Ferenczy zuerst als Serie an Henri Nannens »Stern« und dann als Hardcover (in dem mit Emil Oprecht gemeinsam gegründeten Züricher Europa-Verlag) noch einmal sechsundvierzigtausendmal verkaufte – ist eine ganz andere Art von »Bestseller« als Konsaliks Welterfolg. Als das Buch 1959 erschien, machte es Furore; die Linke tobte. Das lag vor allem an einer provokativ-kalten Auseinandersetzung mit der Atomtod-Kampagne, die seinerzeit auch von vielen hochrangigen Physikern und dem Arzt – nicht von Stalingrad, sondern von Lambarene – Albert Schweitzer unterstützt wurde. Schlamm, der 1933 die Chefredaktion der »Weltbühne« übernommen hatte, nachdem Carl von Ossietzky ins KZ verschleppt worden war, und der 1938 in die USA emigrierte, war ein Gegner der Walter Lippman – George F. Kennan-Schule der Auswärtigen Politik und verschaffte sich große Resonanz, indem er die moralischen Autoritäten seiner Zeit ohne viel Federlesens mit strategischen Argumenten konfrontierte. Nach Henry Kissinger und Zbigniew Brzezinski kann das heutzutage eigentlich niemanden mehr aufregen. Im Grunde verteidigte Schlamm schlicht die Logik von Konrad Adenauer und John Foster Dulles gegen das demokratische Dreigestirn der Senatoren Fulbright – Mansfield – Humphrey, das damals gerade am Horizont erschien und die ersten tastenden Schritte in Richtung auf eine Politik machte, die die europäische Linke unter der Führung von Willy Brandt, Bruno Kreisky,

Olof Palme unter anderem später mit dem Begriff »Entspannungspolitik« belegte.

Wer sich die Gefährlichkeit der amerikanischen und sowjetischen Waffensysteme klargemacht hatte und die innere Struktur der Kreml-Oligarchie einigermaßen kannte, wird auch heute noch – nachdem, vordergründig gesehen, Schlamm »recht« bekommen hat – an seinen Argumenten zweifeln. Aber einen irgendwie rechtsradikalen oder demokratiekritischen Text hatte er keineswegs vorgelegt. Die Einschätzung der politischen und psychischen Situation Deutschlands im Jahr 1959 war vielmehr höchst abgewogen und treffend. Zwar warf er der SPD (die zur Zeit der Abfassung des Manuskripts ihr Godesberger Programm noch vor sich hatte) vor, »ein freundliches Gebilde« zu sein, »dem jeder organische Sinn für Macht« fehle. Andererseits keilte er aber auch in die andere Richtung. Über Franz-Josef Strauß zum Beispiel bemerkte er:

»Dieser junge Mann (Jahrgang 1915) ist wahrscheinlich das einzige politische Talent, das in Adenauers unfruchtbarem Regierungsgarten gewachsen ist. Strauß ist tüchtig, von Ehrgeiz getrieben wie von Furien, ein unerschöpflicher Arbeiter, intelligent und sogar neugierig. Aber es wäre sehr schwierig zu sagen, woran er nun also glaubt. Denn obwohl er Adenauers artikuliertester Mitarbeiter ist (ganz gewiß der eindrucksvollste Redner seiner Partei und der einzige Mann, den diese bei großen Anlässen im Bundestag unfehlbar vorschicken muß) – er artikuliert nur das, woran Adenauer glaubt. Er selbst hat während seines raschen und steilen politischen Aufstiegs zur Macht ungefähr alle möglichen Positionen in den wesentlichen Fragen eingenommen. Vor ein paar kurzen Jahren zum Beispiel war Strauß ein Feind der deutschen Wiederbewaffnung. Die wahrhaft beängstigende Tatsache ist, daß keiner seiner vielen Feinde diese Stellungnahmen ernst nimmt. Strauß ist nämlich einer jener Politiker, die erst herausfinden, welche Stellungnahme politische Dividenden zahlt, und dann bezieht er sie.«

Das ist – zu einem frühen Zeitpunkt – eine ziemlich klarsichtige Charakterstudie. Im übrigen klingen viele der Analysen Schlamms so, als habe er sie nach 1989 geschrieben. Den Charakter der Regierung Ulbricht (»Quisling-Regierung«) hatte er ebenso realistisch erfaßt wie die Gleichgültigkeit der Deutschen gegenüber der Wiedervereinigung. Er machte sich ein bißchen zu viel Sorgen über den »Neutralismus« der deutschen Linken. Willy Brandt, Helmut Schmidt und Herbert Wehner waren realistischer, als er glaubte. Der Text war aber gut geschrieben, wenn auch zugespitzt. Bezeichnend, daß Nannen ihn – obwohl er persönlich ganz andere Meinungen vertrat – druckte. Im Zeitalter der »political correctness«, also heutzutage, würde ein linksliberales Blatt mit einer derartigen Grenzüberschreitung in schwere Turbulenzen geraten.

Ferenczy, wie gesagt, hatte mit Schlamms Rigorosität seine Probleme. Dessen ein wenig bös gewordene Provokationslust irritierte ihn. Aber er konnte mit dem jüdischen Intellektuellen Schlamm, der vom Halbkommunisten zum scharfen Antikommunisten geworden war, genauso reden wie mit der ostischen Seele. Schlamm und Diether Stolze agierten in einer anderen Manege als Heinz Konsalik oder Will Berthold; sie waren Analytiker, nicht Erzähler, ihre Mittel waren kognitiv, nicht emotional. Aber erstens paßten sie in Ferenczys Philosophie der Positivität; und zweitens belebten sie das Zeitgespräch. Für publizistische Weckamine hat sich Ferenczy schon immer interessiert.

Neben der »bestselling fiction« und dem serialisierten Essay ist der populärwissenschaftliche Report eine dritte Darstellungsform der Massenkultur, die Ferenczy immer wieder nutzte. Das erfolgreichste Produkt, an dem er in diesem Genre beteiligt war, stellte ohne Zweifel die Aufklärungsserie »Dein Kind, das unbekannte Wesen«, »Dein Mann, das unbekannte Wesen«, »Deine Frau, das unbekannte Wesen« des Sexualpädagogen Oswalt Kolle dar. Natürlich war die Veränderung von Sexualverhalten und Sexualmoral der Deutschen, die durch die öffentliche Debatte über diese Texte angestoßen wurde, nach dem brutalen Krieg, der Erosion der Familie und der Schwächung der Volkskirchen sozusagen »fällig«. Die Zuspitzung, die die Serien (»Quick« bzw. »Neue Revue«), Taschenbücher (Heyne) und Filme (Gero Wecker) Kolles zustande brachten, wirkten aber ohne Zweifel als Katalysator dieser Entwicklung. Allein die Filme erreichten drei, einer davon sogar fünf Millionen Zuschauer.

Derartige Zahlen werden im (deutschen) Film der neunziger Jahre praktisch überhaupt nicht mehr erzielt.

Kolle, als Sohn eines Ordinarius für Psychiatrie an der Münchener Universität mit wissenschaftlicher Argumentationsweise vertraut, war kein Spekulant, der auf sexuelle Aufregung zielte. Nach dem Riesenerfolg seines Projekts mag er eine Zeitlang als Prophet durchs Leben gegangen sein. Ferenczy erzählt, er habe ihn gelegentlich als »Oswalt, den 13. Apostel« bezeichnet. Das Echo, das Kolle erzielte, war enorm. Zur Beantwortung der Briefpost, die seine Reports auslösten, hätte er eine eigene Redaktion beschäftigen können. Er bekam dieses Feedback aber eben nicht mit Zweideutigkeiten, sondern mit der stocknüchternen Auswertung der Arbeiten von Helene Deutsch, Erich Fromm, Margret Mead oder Theodor Reik. Gerade die wissenschaftliche Machart – das Zitat als Autorität – verschaffte den Texten die Legitimität im Kleinbürgertum, in dem auch in der zweiten Hälfte der sechziger Jahre Gespräche über den Monatszyklus der Frau, die Belastung der Wechseljahre oder die Geduld des Mannes beim Geschlechtsverkehr tabuisierte Themen waren.

Wer Kolles Report heute liest, wird die Aufregung darüber noch weniger verstehen als die über William S. Schlamms strategische Analysen. Der von Ferenczy gemanagte Kommunikator Kolle hat die Art, wie die Deutschen über Sexualität sprechen, grundlegend verändert. Wie die Tabubrüche von Henry Miller oder

William S. Borroughs die Elitenkommunikation über Sexualität revolutioniert haben mögen, so drang Kolle in die breiten Schichten der (von ihm pausenlos zitierten) Verkäuferinnen, Ingenieure, Hausfrauen. Als er anfing, bekamen die Medien, in denen er publizierte, Abmahnungen des Bundesfamilienministers, weil er für das männliche Geschlechtsorgan den Begriff »Penis« benutzt hatte. Die Bundesprüfstelle für jugendgefährdende Schriften monierte, daß der Anfangssatz einer Serie über Christine Keeler, die Geliebte des britischen Ministers John Profumo, mit dem wertfreien Satz begann: »Ich liebe Christine Keeler nicht, ich hasse sie nicht.« Diese Neutralität sei »sexual-ethisch verwirrend«. Heute ist nahezu der gesamte Begriffsapparat der Sexualwissenschaft enttabuisiert. Das hätten Sigmund Freud und Magnus Hirschfeld sich in ihrer Zeit nicht träumen lassen. Sie wurden noch als Jugendverderber, Pornographen, Wühler im Dreck verunglimpft. Daß das heute nicht mehr der Fall ist, hat mit Massenkultur zu tun; unter anderem mit Oswalt Kolle.

Kolles Argumente müssen heute, gerade weil sie zum Common Sense geworden sind, nicht mehr im einzelnen auseinandergelegt werden. Festzuhalten bleibt, daß Kolle einerseits ein mutiger linksliberaler Adept der neueren Sexual- und Kinderpsychologie war, der geduldig erläuterte, daß Selbstbefriedigung nicht zu Nervenschäden führen müsse, daß Frauen mit Kindern trotzdem berufstätig sein können und daß es fragwürdig sei, wenn zweiundsiebzig Prozent der deutschen Mütter (1967) immer noch der Auffassung waren, daß man Kinder prügeln müsse. Andererseits war er von feministischen Positionen weit entfernt. In seinem Band über die Frau stehen so schöne Sätze wie »Es ist kein Geburtsfehler eine Frau zu sein« oder »Die sich gewaltsam emanzipierende Frau wirkt auf Männer ebensowenig wie auf Frauen«. Gerade diese vorsichtige Avantgarde-Position – Kolle marschierte vor dem Troß, achtete aber darauf, daß er die Verbindung zum Troß nicht verlor – verschaffte ihm große Resonanz in den deutschen Mittelschichten.

Kolle und Ferenczy haben mit diesem Projekt zusammen viel Geld verdient, obwohl Ferenczy sich verweigerte, als es darum ging, aus der Aufklärungswelle eine Sexwelle zu machen. Das widersprach seiner »Philosophie der Positivität«. Wichtiger als der materielle Erfolg aber ist der intellektuelle: die »Aufklärungswelle« veränderte die Normen und Standards der deutschen Gesellschaft in einem entscheidend wichtigen Themenfeld. Aus dieser Zeit rührt das Prestige des Medienmanagers Ferenczy, den damals noch niemand einen Medienmanager nannte. Ein paar geschickte Nasen aus den politischen und wirtschaftlichen Eliten rochen, daß hier einer war, der wußte, wie man die Einstellungsmuster von Massen verändern kann. Für Pressechefs von Großkonzernen, Geschäftsführer von Parteien und Manager von Verbänden und Gewerkschaften wäre das eigentlich das Wichtigste, was sie wissen müßten. Deswegen konnte Ferenczy, der Geschichtenhändler der fünfziger und frühen sechziger Jahre, sein Geschäft später um ganz neue Tätigkeitsbereiche erweitern.

Gelegentlich gibt Josef von Ferenczy seinen Wahlspruch zu Protokoll. Er erinnert an den Pionier von Pestszentlörinc: »Träume ernähren die Wirklichkeit.« Diese Wahrheit stimmt natürlich in den neunziger Jahren noch genauso wie in den Fünfzigern. Was mag der Grund sein, daß Josef von Ferenczy zwar immer noch Serien über die »Schamlosen«, über Versuchstiere und Drogenhöllen plaziert, daß der breite und mächtige unterirdische Strom der Emotionskommunikation also selbstverständlich weiterfließt, daß aber die Zeit vorbei scheint, in der große Wellenbewegungen ausgelöst werden können?

Wir haben darüber schon spekuliert. Es mag mit dem großen Medienwechsel zusammenhängen, mit dem Absturz der Illustriertenpresse und dem Aufstieg des Fernsehens, auch mit dem Umstieg der (wenigen) guten Autoren zum Medium Fernsehen – die Schreibstuben, die heute Serien produzieren, produzieren Fernsehserien. Es hängt aber sicher auch mit Ferenczy selbst zusammen. Vielleicht wird man auf die Dauer müde, wenn man immer wieder ein paar Reporter auf Gunther Sachs (oder einen seiner Nachnachfolger in der Playboyszene) hetzen soll? Vielleicht verliert man das Interesse an Aufträgen wie dem, Friedrich Karl Flick vor falscher (oder auch: vor allzu korrekter Berichterstattung) zu schützen?

Ferenczys gnadenlose Professionalität hat sicher nicht nachgelassen. Er ist auch nicht hochmütig ge-

DR. FRIEDRICH KARL FLICK

4 DÜSSELDORF-OBERKASSEL
MÖNCHENWERTHER STR 15
TELEFON 0211/58 01

zum 4. April 1984

Lieber Herr von Ferenczy,

zu Ihrem fünfundsechzigsten Geburtstag gratuliere ich Ihnen sehr herzlich. Ich wünsche Ihnen alles Gute und damit auch, daß Ihre Wünsche in Erfüllung gehen, im persönlichen Bereich und in einem Beruf, für den Sie Symbol sind. Mit meiner Gratulation verbinde ich meinen Dank für alles, was Sie für mich getan haben, zugleich aber auch die Hoffnung, daß Sie mir weiterhin mit Rat und Tat zur Seite stehen.

Mit allen guten Wünschen für Gesundheit, Glück und Erfolg auch in den kommenden Jahren und herzlichen Grüßen, auch an Ihre verehrte Frau Gemahlin,

Ihr

Friedrich Karl Flick

worden. Er verschmäht auch heute Geld nicht. Aber irgendwie hat sich die Perspektive verändert, die Windrichtung seiner Wünsche. Der Mann, der das Gras seiner Zeit wachsen hörte und daraus Geld machte, will vielleicht inzwischen Einfluß darauf nehmen, wo Gras wächst und wo nicht. Wie heißt es bei Musil? »Ideale und Moral sind das beste Mittel, um das große Loch zu füllen, das man Seele nennt.« Der alte Ferenczy ist wieder so politisch geworden wie der ganz junge. Seit Anfang der achtziger Jahre scheint es eher sein Ehrgeiz zu sein, als Regisseur großer Ereignisse aufzutreten als lediglich als Herr von Wellen. Wobei ich das Wort »Event-Marketing«, das die kulturwissenschaftlichen Erbsenzähler, die ja auch Kulturkritiker sein wollen, immer häufiger gebrauchen, von ihm noch nie gehört habe.

4. KAPITEL

Der Medienmanager I

DAS SYSTEM FERENCZY hat viele Elemente. Das A und O, die Grunddisziplin, die ursprüngliche Begabung, sozusagen das Fundament seines Geschäftes, ist die Beziehungsfähigkeit. Es ist die Kunst der Anbahnung, die Fähigkeit, Kontakte zu halten, der Instinkt für Synergien, das heißt eine gewisse Phantasie, die vorhersieht, wann Leute aus unterschiedlichen Biotopen miteinander etwas anfangen können. All diese Fähigkeiten (die natürlich nicht nur für den Beruf des Medienmanagers wichtig sind, sondern auch für den des Politikers, des unternehmenden Unternehmers, des Beraters, des Händlers) besitzt Ferenczy jeweils zu hundert Prozent. Er ist nicht nur verknüpfungsfähig, er ist – wenn man das verdrehte Wort ausnahmsweise einmal gebrauchen darf – verknüpfungsverrückt. Er verknüpft nicht nur, um irgendeinen rationalen Geschäftszweck zu verfolgen. Er verknüpft, weil er leidenschaftlich gerne verknüpft. Daher die Erfolge, die er mit dem Menschenteppich erzielt hat, an dem er sein ganzes Leben webte und an dem er nie aufhören wird zu weben, solange er lebt.

Bei der Anbahnung ist Ferenczy mutig, spontan, bedenkenlos, unkompliziert. Die Journalistin Anneliese Friedmann, Herausgeberin der Münchener »Abendzeitung«, lange Zeit »Stern«-Kolumnistin und – das ist für die Geschichte, die sie selbst erzählt hat, wichtig – Ehefrau des lange verstorbenen Chefredakteurs der »Süddeutschen Zeitung«, Werner Friedmann, hat geschildert, wie so etwas vor sich geht. Ende der fünfziger Jahre ging sie ins bekannteste und schönste Münchener Bierlokal, den »Franziskaner«. In dessen Schwemme, in dem es den besten Leberkäs der Welt gibt, sitzen die Leute an Sechser-Tischen zusammen, wie der Zufall sie zusammenwürfelt: Alte bayerische Rentner neben hochmütigen preußischen München-Touristen, die Schickeria aus Haidhausen neben verhärmten alten Studienrätinnen, die gerade stundenlang in der Maximilianstraße nach einer Opernkarte angestanden sind.

Ferenczy war Anneliese Friedmann schon auf besagter Maximilianstraße aufgefallen. Er trug einen Kamelhaardufflecoat und Hütl. Die beiden Herrschaften kreuzten die Seiten und Blicke.

»Kaum saß ich an einem der schmalen Tische, kam er zur Tür herein und setzte sich gegenüber. Nie, so schien es, hatte ich einen perfekter gebügelten Hemdkragen gesehen. ›Gestatten, gnädige Frau‹ – auch die Manieren waren perfekt.

Nur die Sprache war es nicht, was ihn nicht hinderte, einen Schwall Fragen über mich zu schütten. ›Wer sind Sie? Was machen?‹ Er hatte etwas autoritär

Zwingendes – ›Journalistin‹, antwortete ich folgsam. ›Und was Sie schraiiben?‹ ›Eine Kolumne in der Abendzeitung, über Moden und Menschen.‹ ›Ah, interessant‹, sagte er ›und was da verdienen?‹ ›Fünfzig Mark‹, sagte ich; es war keine Lüge.

›Werde ich machen was Großes daraus. Werden bekommen das Zehnfache.‹

Es könnte auch ein Hochstapler sein, ging es mir durch den Kopf. Zu elegant, zu parfümiert, der ungarische Akzent und dieses messerscharf geschnittene Bärtchen über der Lippe – ein k. u. k. Clark Gable vom Winde verweht. Oder einer der Schlawiner aus einem Schnitzlerroman.

›Warum Sie nix sagen, wo ich Sie werde machen berühmt?‹

›Weil mein Mann das nicht mögen würde.‹

›Und was macht Mann?‹

›Der ist auch Journalist.‹

›Serrr gut. Soll kommen zu mir. Nehme ich Sie beide.‹

Mein Mann kam, aber nur, um mich abzuholen. Aus dem Vertrag mit Ferenczy-Media wurde nichts. Dafür entwickelte sich so etwas wie eine wunderbare Freundschaft.«

Die Formen und Milieus der Anbahnung mögen verschieden gewesen sein. Günter Prinz, einer der wirkungsvollsten Blattmacher der letzten drei Jahrzehnte, der nicht nur den großen Dampfer der »Bild«-Zeitung selbst lange Jahre leitete, sondern vor allem neue Zeitungsformeln (wie die für »Jasmin« und die »Bild«-

Familie, vor allem »Bild der Frau« und »Auto-Bild«) entwickelte, wurde in den legendären Carlton-Teestuben in der Briennerstraße, in denen schon Hitler verkehrte, eingesponnen. Berühmt ist Ferenczys Nachmittagsplatz in der Bar des Hotels »Vier Jahreszeiten«. Vor Jahrzehnten konnte man ihn da Nachmittag für Nachmittag arbeiten sehen. Inzwischen hat er sein Revier fast völlig in die Portenlängerstraße – gerade hat er neben sein elegantes Wohnhaus auch ein Bürogebäude gestellt – verlagert. Wie es dort zugeht, hat Horst Vetten (im Jahr 1984 für die »Zeit«) geschildert – es ist heute noch exakt so wie damals:

»›Habe ich unchristlichä Anschlag auf Sie vor. Könnän Sie kommän um neun Uhr?‹

›O Gott!‹

›Bittää!‹

›Na gut.‹

›Bißchen Frühstück?‹

›Nu ja.‹

Damast. Silber. Meißner Porzellan. Champagner. Moët Chandon. Wachsweiches Ei mit Kaviar, mittelgroßes Korn, Prager Schinken, lauwarm. Gänseleber. Crème de Fromage. Kaffee oder Espresso?

Bißchen Frühstück bei Ferenczy. Der Mann lebt in einer Bijouterie. Was immer man in Silber, aus Silber, mit Silber an die Wand hängen, auf die Kommode stellen oder als Garnitur ins Klo hängen kann: Josef von Ferenczy hat es an der Wand hängen, auf der Kommode stehen oder im Klo liegen. Wohin das Auge fällt: Symbolik. Der Mann versilbert, was ihm in die

Hände fällt. Am meisten ausgerechnet die deutsche Sprache. Neuerdings sogar für ›däm ÄGä‹ – die Europäische Gemeinschaft.

Er hat irgendwann einmal aufgehört, die deutsche Sprache weiterzulernen, wahrscheinlich hat er gemerkt, daß ihm, dem Ungarn, sein fließend gebrochenes Deutsch besser steht. Er weiß genau, was ihm steht.«

Und er weiß auch genau, daß man Kontakte pflegen muß. Wer in Ferenczys Menschenteppich eingeflochten ist, wird immer wieder neu umgarnt. Wobei der Meister der Connectivity das Prinzip »Gebe und nehme« anwendet. Er weiß nicht nur genau, was er wissen will. Er weiß auch genau, welche Information für seinen jeweiligen Gesprächspartner wichtig sein könnte. Franz Josef Wagner, einer der alten Ferenczy-Autoren und lange Zeit Chefredakteur der »Bunte«, berichtet über einen Gesprächstypus, über den viele berichten könnten. Es ist das Erinnerungsgespräch, die Vergewisserung. Wagner: »Es gibt in meinem Beruf drei Menschen, die ich unter keinen Umständen jemals duzen werde, obwohl die es tun, schon lange. Einer sagt Jungä zu mir, und ich sage Herr von Ferenczy. Man hat mich gebeten, etwas Persönliches über ihn zu schreiben. (Anlaß war Ferenczys fünfundsiebzigster Geburtstag.) Das kann ich nicht, da ich ihn persönlich nicht kenne. Ich war weder mit ihm in Bordellen, noch habe ich mit ihm jemals Schnaps getrunken. Unsere Treffen fanden immer tagsüber statt, helles Licht, nichts Vertrautes. Einmal rief er mich an und sagte: ›Warum rufst du mich nicht an?‹ Ich: ›Weswegen?‹ Er: ›Nicht weswegen, weswegen. Warum rufst du nicht an?‹ Ich: ›Sie müssen mich entschuldigen, Herr von Ferenczy, ich weiß nicht, worum es geht.‹ Er: ›Frag, wie ich geschlafen habe, frag, wie es mir geht.‹

Es war das einzige Gänsehautgespräch, das ich mit ihm in den letzten fünfundzwanzig Jahren geführt hatte. Es endete übrigens so: ›Wie geht's‹, fragte ich schließlich. Er sagte ›gut‹ – und legte auf. Dieses Telefongespräch fand vor eineinhalb Jahren statt.«

Die Logik der »Connectivity« hat am treffendsten Oswalt Kolle dargestellt. Der eine Grundgedanke Ferenczys sei der Medienverbund gewesen – »daß man Pakete macht: Buch, Illustriertenberichte, Film, Fernsehen.« »Das viel Bessere aber, Wichtigere ist: Er bringt Menschen zusammen. Anders als andere Agenturen hat er sich immer gefragt: Wer paßt zu wem? Wie kann man die richtigen Leute mit den richtigen Stoffen an das richtige Medium bringen, das ist die Schlüsselfrage. Er hat immer wieder gesagt: Der Typ A muß unbedingt den Typ B kennenlernen; die müßten irgend etwas zusammen backen können.« Der amerikanische Kommunikationswissenschaftler Harald D. Laswell hat vor Jahrzehnten die berühmte Formel »Wer sagt was zu wem über welches Medium mit welcher Wirkung?« entwickelt; Hubert Burda ließ sie in seiner Jugend in Emaille schlagen und schenkte sie seinen Freunden. Ferenczy hat aller Vermutung nach Harald D. Laswell nie gelesen. Er verfügt auch über keines der Emailleschilder von Hubert Burda. Aber Laswells Frage steckte ihm auf geheimnisvolle Weise immer im Blut.

Nun genügt es natürlich nicht, Kontakte herzustellen. Der Strom muß auch fließen; die Leitungen müssen in Ordnung sein, die Vermittlungstechnik muß funktionieren. Deswegen hat Ferenczy seine halsbrecherischen Beziehungskunststücke oben in der Kuppel, von Trapez zu Trapez, immer durch ein Netz abgesichert. Das machen alte Zirkusleute so. Sein Netz war die Professionalität, die schlichte Handwerkermaxime »Die Ware muß stimmen.« Besonders legendär sind Ferenczys Methoden, seine Autoren zur Einhaltung von Terminen zu zwingen. Die regelmäßigen Kontrollanrufe waren selbstverständlich. »Was tust du gerade?« fragte der Medienmanager. »Ich bin dran«, antwortete der Autor. Darauf bekam er die Entgegnung: »Du mußt nicht dran sein, du mußt fertig sein.« Schon das reichte oft genug aus.

In den Frühzeiten der Illustriertenbranche mußten offensichtlich noch andere Saiten aufgezogen werden. Denise de Boer, eine langjährige Autorin von Ferenczys Zeitgeist-Agentur, wurde an einem Samstag früh im November 1965 um 7.00 Uhr früh aus dem Bett geklingelt. »Als ich dich durch den Spion erblickte, war ich in Versuchung, ganz leise den Rückzug anzutreten. Schließlich war ich gerade aus dem Bett gekommen. Kein Make-up. Strubbelhaare. Ich glaube, wenn ich nicht geöffnet hätte, wäre das auch schon das Ende meiner erst ein halbes Jahr zuvor begonnenen Ferenczy-Autorenlaufbahn gewesen.

Du warst zu mir gekommen, nachdem deine Redaktion in Hamburg dich telefonisch aus dem Bett geholt hatte, um dir mitzuteilen, die Autorin de Boer habe eine dringend benötigte Serienfolge nicht geliefert. Es war meine erste große Serie. Vom Vorschußhonorar hatte ich die Mietvorauszahlung für meine Penthousewohnung im Arabellapark bezahlt. Eine Traumwohnung. ›Der Traum ist aus‹, glaubte ich aus deiner finsteren Miene zu erkennen, noch bevor wir ein Wort miteinander gewechselt hatten.

›Mußt du als Tochter von General schon wissen, daß Pünktlichkeit und Zuverlässigkeit ist oberstes Gebot, wenn du willst im Leben etwas werden‹, sagtest du. Ich verkniff mir die Bemerkung, daß mein Vater trotz notorischer Unpünktlichkeit zum General avanciert war. Statt dessen stellte ich klar, daß ich mein Manuskript pünktlich geliefert hatte. Am Tag zuvor hatte ich es rechtzeitig per Luftfracht nach Hamburg geschickt. Mit der letzten Maschine hätte es mitgehen müssen. Durch dich erfuhr ich: ›Die letzte Maschine nach Hamburg fiel aus wegen Nebel.‹ War das etwa meine Schuld? Es ging dir nicht darum, die Schuldfrage zu klären, es ging dir darum, deiner Autorin ein für allemal klarzumachen: ›Ein Manuskript gilt erst als geliefert, wenn es auf dem Tisch des zuständigen Redakteurs liegt.‹ Du warst persönlich vorbeigekommen, um den Durchschlag meines Manuskripts nun persönlich zur Bahnfracht zu bringen.

Das hätte ich selbstverständlich auch tun können. Ein Telefonanruf hätte genügt, um mich mit dem Manuskript zum Hauptbahnhof zu schicken. Aber nein, das wolltest du nun selbst besorgen. Du wolltest gern sicher sein, daß dieses Manuskript jetzt aber wirklich ankommt. Diese Lektion – Beschämung und Ansporn zugleich – habe ich nie vergessen.«

Was das für die Szene bedeutete, hat Lutz Böhme, langjähriger Herausgeber der Korrespondenz »Text intern«, zusammengefaßt: »Nach der Etablierung des Systems Josef von Ferenczys veränderte sich die Medienlandschaft. Das ging nicht über Nacht – das brauchte Zeit. Wie vollzog sich das nach innen? JvF begann mit dem Entschulden seiner Autoren, war Hausbank. Er kümmerte sich um die Ehefrauen, Mädels und Weiber als angewandter Psychologe. Beispiel: Ein Autor kam mehrere hundert Kilometer entfernt mit dem Taxi angereist. Die Normalfrage: Weshalb nimmt er nicht die Bahn? war einfach zu beantworten: Die Fahrkarte mußte bar bezahlt werden, und seine Frau hatte ihm das Fahrgeld verweigert. Klaglos und ohne Vorhaltungen zahlte JvF die gesalzene Taxirechnung.

JvF war zu dieser Zeit beileibe nicht das Rote Kreuz. ›Unheilbare‹ Autoren kamen nicht mehr ins Haus. Die anderen aber verfügten nun über sichere, laufende Einnahmen, langfristige Verträge, eine kontinuierliche Beschäftigung, steigende Honorare. Sobald seine Jungs und Mädels aus dem Gröbsten herauswaren, trat JvF als Anlageberater in Aktion. Er hat

Dutzende von Autoren vermögend gemacht und einige Schreibstars reich.«

Natürlich, fünfundzwanzig Prozent Tantieme waren ein hoher Tribut. Ferenczys Verträge galten als Knebelungsinstrument. Bloß benutzte er sie in aller Regel nicht zum Knebeln. Als Hans Klein, noch als Journalist und bevor er politische Karriere machte, Ferenczy beim Anbahnungsgespräch verblüfft fragte, warum er denn auf fünfundzwanzig Prozent seiner Honorare verzichten solle, sagte ihm Ferenczy kühl: »Sie sollen auf nichts verzichten. Sie werden das Doppelte verdienen.« Solche Versprechen pflegte er zu halten. Deswegen hatte er im übrigen auch keine Schwierigkeiten, seine Leute bei der Stange zu halten. Als der Verleger Helmut Kindler einmal versuchte, die Ferenczy-Autoren aus der Bindung zu ihrem Medienmanager zu lösen, und sie in halbstündigen Abständen in seinen Verlag bestellte, wußte Ferenczy schon nach dem dritten Gespräch Bescheid. Er setzte seine Telefonanlage in Gang. Nach zwei Stunden fiel die Intrige in sich zusammen.

Ferenczys Kontakte zu seinen Partnern waren zu komplex, als daß man sie leicht hätte aushebeln können. Auch Katharina von Ferenczy gehörte im übrigen zum System; wenn die Frauen der jeweils zu betreuenden Autoren mondän waren und hohe Stöckelschuhe trugen, mußte sie hohe Stöckelschuhe anziehen. Waren sie burschikos und gingen in Jeans, trat sie sportlich an. Eine Dame bringt das. Familienbetriebe verlangen ein Engagement der Familie, das man sich in den verdinglichten Beziehungen großer Konzerne gar nicht vorstellen kann; aber das ist natürlich eine betriebswirtschaftliche Binsenweisheit.

Nun gehörte (und gehört) zum System natürlich auch die Verwertung der Fluktuation. Wenn ein Ferenczy-Autor, der bisher Texte geliefert hatte, plötzlich Chefredakteur eines Organes wurde, das Texte druckte, vergrößerte sich der Einfluß Ferenczys. Ferenczy war ein Freund der Macher. Die Manager, die »Flanellmännchen«, wie Axel Springer sie nannte, waren eher seine Gegner; sie fragten ständig, was Ferenczy denn für das viele Geld, das er verdiene, eigentlich tue. Die Macher verstanden das besser. Also empfahl er Macher. Nach einiger Zeit war er nicht nur Stofflieferant, sondern auch Personalberater. Und die eine Funktion stützte die andere. Heinz von Nouhuys, der es als langjähriger Partner Ferenczys wissen muß (und der in seinen Zeiten als festangestellter Chefredakteur den Vertrag mit Ferenczy ruhen ließ), sagt: »Wenn man ihm böse wollte, hätte man von einem subtilen Netz von Abhängigkeiten, von Seilschaften sprechen können. Nur hat ihm niemand böse gewollt, da er halt immer seriös war.« So wurde er zu einer Art Spinne im Mediennetz. Über viele Jahre hinweg kamen die Chefredakteure der Bauer-Blätter fast alle von Ferenczy.

Auch zu Axel Springer, dem feinnervigen, stimmungsabhängigen, kaum beeinflußbaren, mißtrauischen und höchst sensiblen Verlegerfürsten, hatte er seinen eigenen Draht. Springer pflegte seinen Leuten den Satz hinzuwerfen, wenn jener Ferenczy wieder einmal in Hamburg sei, solle man ihn zum Gespräch bitten. Dann arrangierte man, daß Ferenczy bald in Hamburg (oder auf Sylt) war. Peter Boenisch, einer der erfolgreichsten Springer-Journalisten und lange – wie Prinz auch – Chefredakteur von »Bild«, vermutet, daß Ferenczy zu Springer einen selbstverständlicheren Zugang hatte als die meisten Springer-Chefredakteure. Übrigens vertrat Ferenczy in solchen Gesprächen offenbar keineswegs immer nur eigene Leute. Als Springer einmal seinen langjährigen Vorstandsvorsitzenden Peter Tamm feuern wollte, fragte ihn Ferenczy höflich: »Haben Sie eine andere Tamm?« Springer behielt Tamm. Da Tamm wiederum (auf geheimnisvolle Weise) von diesem Gespräch erfahren haben dürfte, wird es Ferenczy auch bei Tamm (einem Flanellmann, keinem Männchen) nicht geschadet haben.

Ja, diese Kontakte ermöglichten vorsichtige Interventionen in die Redaktionen hinein. Ferenczy konnte da und dort Leute schützen. Boenisch: »Er hat jedenfalls Chancen gehabt. Ich hätte keine Nachrichten unterschlagen, ihm zuliebe. Aber wenn er mich angerufen und gesagt hätte: ›Da ist einer besoffen gegen die Laterne gefahren, dem haben sie den Führerschein weggenommen. Mach es klein.‹ Dann hätte ich es klein gemacht.« Solche Aktivitäten haben Pressekritiker übrigens unter dem Begriff »negative PR« kategorisiert. Ferenczy wurde oft entgegengehalten, er habe sich viel Geld damit in die Tasche gesteckt, daß er behauptete, er habe den oder jenen beschützt. Boenisch, der es wissen muß, widerspricht: »Der hat schon eine ganze Menge Leute beschützt, und das war auch nötig, weil es mit dem wachsenden Verdrängungswettbewerb in unserem Geschäft nicht nur anständige Cowboys gab, sondern auch Kopfgeldjäger. Das heißt Leute, die andere für Geld fertig machten. Solchen Kopfgeldjägern mußte man eine Kraft entgegensetzen. Ferenczy war so eine Gegenkraft gegen Menschenvernichtungsjournalismus.« Auch ein Ausfluß der »Philosophie der Positivität«?

Schon die Personalberatung, die Übernahme der Aufgabe eines Headhunters (zum Beispiel für den Bauer-Verlag), ging über das Stoffmanagement, also die Vermittlung druckfertiger (und möglichst noch verfilmbarer) Texte, hinaus; erst recht die publizistische Beratung der einen oder anderen »Persönlichkeit der Zeitgeschichte«. Ferenczy war eine Eckfigur der Unterhaltungsmedien und bewegte sich logischerweise in den Milieus dieser Welt: Film, Schlager, Illustrierte, Sport, Fernsehen. Und natürlich bediente er sich dabei, wie immer wieder dargestellt und oft genug süffisant kritisiert wurde, einer verachteten Grundkategorie des Journalismus, des Klatschs. Ferenczy hatte über viele Jahre eine enge Arbeitsbeziehung zu Deutschlands einflußreichstem Klatschjournalisten, Hannes Obermaier. Dessen Kolumne »Hunter notiert« in der »Abendzeitung« (und später in der »Bild«-Zeitung) stammte oft genug eher von Ferenczy als von Obermaier.

EVO

Gegründet von
Dr. Emil Oprecht

Europa Verlag
Verlag Oprecht
Theater-Vertrieb
Auslieferungen
Rämistrasse 5
Europaverlag Zürich

Telephon (051) 24 27 95
Telegrammadresse:

Herrn
Josef von Ferenczy
Mottlstrasse 17

München 23

Europa Verlag A. G. Postfach Zürich 24

Zürich, den 21. Mai 1959
EOF/RU

Sehr geehrter Herr von Ferenczy,

Ich beziehe mich auf unsere verschiedenen mündlichen Besprechungen und bestätige Ihnen die zwischen uns getroffene Vereinbarung wie folgt:

1.) Ich werde im Rahmen meiner verlegerischen Tätigkeit eine neue Abteilung unter dem Namen "Ferenczy Verlag Zürich, Rämistrasse 5" führen.

2.) Sie werden die Autoren, die an Sie beziehungsweise Ihre Münchner Firma "Film Presse Agentur" vertraglich gebunden sind, veranlassen, bestimmte Teile ihrer vertraglichen Verpflichtungen Ihnen beziehungsweise Ihrer Münchner Firma gegenüber, auf den Ferenczy Verlag Zürich zu übertragen. Sie werden diese Autoren ferner veranlassen, entsprechende Verträge mit dem Ferenczy Verlag Zürich abzuschliessen. Ebenso werden Sie in Zukunft gewisse Autoren veranlassen, ihre Verträge direkt mit mir abzuschliessen.

Ueber die Autoren, deren Rechte an mich übergeben, ist eine gemeinsame Liste aufzustellen und abzuzeichnen. Zukünftige Autoren sind dieser Liste anzufügen und jeweils ebenfalls gemeinsam abzuzeichnen.

3.) Für die Verwertung dieser Autorenrechte gilt folgendes:

a) Soweit die Autorenrechte auf dem Lizenzwege verwertet werden, werde ich die Eingänge zuerst zur Bezahlung der fremden Kosten wie Honorare an die Autoren, Agenten, Provisionen usw. verwenden. Vom verbleibenden Betrag habe ich zwei Drittel an Sie als Anteil für die Zuführung der Autoren abzuführen. Das verbleibende Drittel, aus dem ich die eigenen Unkosten zu decken habe, ist mein Bruttoverdienst.

b) Soweit ich mich entschliesse, die Werke dieser Autoren in Buchform im Ferenczy Verlag Zürich zu veröffentlichen, so geht das finanzielle Risiko zu meinen Lasten. Der nach

Abzug aller eigenen und fremden Unkosten und Spesen entstehende Gewinn steht Ihnen zur Hälfte als Anteil für die Zuführung der Autoren zu. Die andere Hälfte ist mein Gewinn.

4.) Ich habe für den Ferenczy Verlag Zürich ein eigenes Bankkonto beim Schweizerischen Bankverein, Bellevueplatz, Zürich 1 anzulegen und werde ausserdem um die Abrechnungen gemäss Ziffer 3 a und b klar erstellen zu können, soweit wie nötig ein separates Konto in der Buchhaltung des Europa Verlag Zürich für den Ferenczy Verlag führen.

5.) Die vorliegende Vereinbarung ist fest bis 1. Juli 1964 abgeschlossen. Sie kann jeweils mit einer Kündigungsfrist von 6 Monaten, erstmals auf den 1.Juli 1964 gekündet werden. Erfolgt keine Kündigung, so verlängert sich die vorliegende Vereinbarung jeweils um ein Jahr.

6.) Für den Fall, dass Sie oder ich durch Tod ausscheiden, soll folgendes gelten:
Bei Ihrem Ausscheiden tritt Ihre Ehefrau Katharina von Ferenczy in Ihre Rechte ein.
Bei meinem Ausscheiden tritt der Europa Verlag A.G.Zürich in meine Rechte ein.
Im Falle des Todes des einen Partners dieser Vereinbarung hat der überlebende Partner das Recht, nach Abwicklung der laufenden Geschäfte von der Vereinbarung zurückzutreten.

7.) Für alle Streitigkeiten aus dem vorliegenden Vertrag vereinbaren wir den Gerichtsstand Zürich und die Anwendung schweizerischen Rechtes.

Ich bitte Sie, Ihr Einverständnis mit der vorliegenden Vereinbarung durch Unterzeichnung und Rücksendung des beiliegenden Doppels zu bestätigen und begrüsse Sie

Vom Inhalt vorstehender Vereinbarung habe ich Kenntnis genommen und erkläre mich damit einverstanden:

Josef von Ferenczy

mit vorzüglicher Hochachtung

Frau Emmie Oprecht

Zum Medienmanagement im Sinne der Konzeption von Ferenczy gehörten selbstverständlich die Stiftung von (zum Beispiel gesellschaftlichen) Anlässen und die Berichterstattung darüber. So hielten viele Leute diesen Ferenczy, der ständig im Zusammenhang mit Wachteleiern, grauem iranischen Schah-Kaviar, Graved Lachs, dem Prinzen Michael von Preußen und dem Sänger Hermann Prey erwähnt wurde, eben für eine Operettenfigur. Nur wußte diese »Operettenfigur« von allem Anfang an, wie wichtig Diversifikation ist, also die Anwesenheit in unterschiedlichen Stockwerken, die Fähigkeit, auf verschiedenen Hochzeiten zu tanzen. Nichts zeigt dies deutlicher als seine jahrzehntelange Arbeitsbeziehung zum Züricher Europa Verlag und seiner Besitzerin, der Witwe des großen und für die deutsche Emigration in der Nazizeit entscheidend wichtigen Verlegers Emil Oprecht.

Emil Oprecht, der »schweizerische Europäer«, dem Thomas Mann 1952 die Totenrede hielt, war der wohl wichtigste Emigrationsverleger des deutschen Sprachraums. Seine Buchhandlung und seine Verlagsräume an der Rämistraße 5, seine gastliche Wohnung im obersten Stock eines Patrizierhauses am Hirschgraben 20 und die Büroräume des Züricher Schauspielhauses, wo Oprecht als Präsident des Verwaltungsrates und Kaufmännischer Direktor der Neuen Schauspiel AG amtierte, waren ein Kommunikationszentrum humaner Liberalität und sozialer Demokratie par excellence. Willy Brandt vertraute ihm sein Buch »Krieg in Norwegen« von 1942 an, bei ihm erschienen die Arbeiten von Ignazio Silone, Hermann Rauschning, Otto Braun oder Konrad Heiden. Vieles von dem, was die Welt über Hitler, seinen Werdegang, seine Ideen und seine Pläne erfuhr, und zwar während der Nazizeit, erfuhr sie aus Büchern des Oprecht-Verlages. Kein Wunder, daß die Deutschen (aber auch die nazifreundlichen schweizerischen »Fronten«) gegen den »kulturbolschewistischen Verlag Oprecht« Sturm liefen. Oprecht gewann in seinen letzten Lebensjahren, nach 1945, ein gewaltiges Prestige. Davor aber – während des Dritten Reiches weigerte sich die eidgenössische Fremdenpolizei, die Juden als politische Flüchtlinge anzuerkennen, da sie ja »nur« aus rassischen Gründen diskriminiert würden – war er ein vielfach verdächtiger, abgewiesener und schikanierter Mann.

Genau mit diesem Verlag verbündete sich Ferenczy Ende 1958. Den Kontakt zu Oprechts Witwe hat ihm Josef Totth, ein ungarischer Literaturagent, vermittelt. Jahrzehnte später, als Ferenczy von den Münchener Steuerbehörden in ein Steuerhinterziehungsverfahren verwickelt wurde, in dem es unter anderem darum ging, ob die Ferenczy-Autoren Mehrwertsteuer bezahlt hatten oder nicht, wurde behauptet, Ferenczys Motive für den Gang nach Zürich seien steuerlicher Art gewesen. Das ist schon deshalb fragwürdig, weil der Kanton Zürich (im Unterschied zu anderen schweizerischen Kantonen) keineswegs besonders günstige Steuersätze hat. Nein, Ferenczys Ideen gingen in eine andere Richtung. Zum einen suchte er einen Ausgangspunkt für internationale Aktivitäten. Dafür

Emmie Oprecht, 1991. Eine resolute, bis zu ihrem neunzigsten Lebensjahr aktive, in der linken Emigrationskultur hochgeschätzte alte Dame.

schien ihm Zürich besser geeignet als München. Zum anderen aber hatte er schlicht bemerkt, daß er in Deutschland als Paradiesvogel galt. Seriöse, politische Botschaften wurden ihm (in den fünfziger, sechziger und siebziger Jahren) dort nicht so recht abgenommen. Also gründete er – zuerst übrigens mit dem Geld von Gerd Bucerius, der Ferenczy allerdings eher blockieren als flottmachen wollte, den er also nach einem Jahr wieder hinauskomplimentierte – eine Züricher Dependance.

Die Ferenczy-Verlags AG Zürich war eine gemeinsame Gründung mit dem Europa Verlag Zürich. Emmie Oprecht hatte einundfünfzig Prozent, Ferenczy hatte neunundvierzig Prozent. Beim Tod von Emmie Oprecht stellte sich übrigens heraus, daß die gesamte Konstruktion nur auf einem freundlichen Briefwechsel zwischen Ferenczy und Frau Oprecht beruhte. Keine Verträge. Das erinnert wieder an versunkene Zeiten und vergangene Berufe, in denen ein Handschlag soviel wert war wie jedes Stück Papier. Mittelstand. Wenn Bertelsmann und Kirch eine Vereinbarung über »Premiere« treffen, verhandeln die Rechtsanwälte vier oder fünf Monate über die notwendigen Vertragswerke.

Emmie Oprecht wurde zu einer Art Ersatzmutter für die Ferenczy-Autoren. Der Europa Verlag aber war für Ferenczy vor allem der Fühler in eine andere Welt; an den Autor William S. Schlamm war er natürlich über Emmie Oprecht geraten. An viele andere seiner seriösen Partner genauso. Ferenczy wußte:

Er brauchte eine »Veredelungsunterlage«. Und obwohl er ein seltsames Hungaro-Deutsch sprach, ein Menjou-Bärtchen trug und sein Auftreten dem Züricher Bürgertum nicht angepaßt war, aß Emmie Oprecht bei jedem Zürich-Besuch Ferenczys, also viele Male im Jahr, mit ihm zusammen in der Kronenhalle und wurde eine seiner engsten Geschäftspartnerinnen.

Man muß sich den Unterschied zwischen diesen beiden Personen vorstellen. Da war einerseits Ferenczy, der Mann aus Hunters Kolumnen – und auf der anderen Seite eine resolute, bis zu ihrem neunzigsten Lebensjahr aktive, in der linken Emigrationskultur hochgeschätzte alte Dame, eine habituelle Konservative mit sozialdemokratischen Ideen. Und es funktionierte. Nur zwei Konflikte gab es in all den Jahren zwischen diesen so unterschiedlichen Menschen. Der eine drehte sich um die Expreßbriefe, die Ferenczy nach Zürich schickte. Deswegen hielt Emmie Oprecht ihn für einen Verschwender. Der zweite brach auf, als Ferenczy sich ein Telex-Gerät zulegte. Das hielt die alte Dame für teueren Unsinn. Ansonsten aber entstand eine erfolgreiche und reibungslose Zusammenarbeit. Das zeigt, daß der Medienmanager in vielen Sprachen sprechen konnte, mit jedem in seiner, obwohl er, linguistisch betrachtet, eine einzige Sprache perfekt beherrschte, seine Muttersprache Ungarisch.

An dieser Stelle ist vielleicht ein Exkurs sinnvoll, der sich mit dem Einfluß der Ungarn im Leben des ungarischen Herren Josef von Ferenczy auseinander-

1970. Der Konflikt brach auf, als Ferenczy sich ein Telex-Gerät zulegte.

setzt. Vom amerikanischen Nobelpreisträger Edward Teller stammt ja das berühmte Bonmot über die Magyaren: »Ungarn sind Menschen, die hinter Ihnen in die Drehtür gehen und vor Ihnen herauskommen.« Ob es damit seine Richtigkeit hat, sollte man der verfluchten Völkerpsychologie überlassen. Vermutlich ist es so richtig wie Heinz Konsaliks profunde Sicht auf die russischen Weiber. Nicht bestreiten aber kann man, daß sich die Angehörigen dieses kleinen Volkes mit der von Normalbegabten anderer Völker kaum erlernbaren Sprache gegenseitig anziehen, wenn sie sich in der Fremde begegnen. In der Tat hat an den Stromschnellen von Ferenczys Leben immer wieder ein Ungar eine Rolle gespielt. Wie Andreas Szentgyörgyi zeigt – der amerikanische Agent, der Ferenczy in Wien in gefährliche Operationen verwickelte –, waren das nicht immer fördernde Rollen. Es gibt aber auch Gegenbeispiele, so Josef Totth. Die Regisseure Géza von Bolváry und Géza von Cziffra sowie der Schriftsteller Hans Habe wirkten hilfreich wie Totth.

Habe, der – wenn auch zu Sonderbedingungen und nicht kontinuierlich – ebenfalls Ferenczy-Autor war, ist übrigens ein weiteres Beispiel für die verblüffende Kommunikationsfähigkeit Ferenczys. Dieser mondäne Belletrist und brillante Journalist, der 1931 entdeckt hatte, daß Hitlers Familie eigentlich »Schicklgruber« geheißen hatte, als Freiwilliger in die französische Armee eintrat und gegen Hitler kämpfte, nach Amerika entkam, als amerikanischer Major den Auftrag erhielt, wieder eine deutsche Presse aufzuziehen, und einer der erfolgreichsten Romanciers seiner Generation war, unterschied sich weiß Gott in fast allen Charakterzügen von seinem Landsmann Ferenczy. Ferenczy ist ein Familienmensch, Habe war sechsmal verheiratet. Ferenczy hält sein Geld zusammen, Habe warf es mit vollen Händen hinaus, Ferenczy kommt aus dem konservativen ungarischen Landadel, Habe aus jüdischen Intellektuellenkreisen Budapests. Und doch waren sie ein Jahrzehnt Freunde; Habe vermittelte Ferenczy zum Beispiel den Kontakt zu Margret Thatcher, der er (vergebens) ein Buch mit dem schönen Titel »Zehn Gebote des Konservativismus« vorschlug. Am Ende, 1977, mußte er sich um den Nachlaß des gerade verstorbenen Freundes kümmern und dessen sechster Frau, dem früheren ungarischen Operettenstar Licci Balla, mühsam erklären, daß ihr Mann zwar viel Garderobe, aber keinen roten Heller hinterlassen hatte.

Die Ungarn haben wirklich im Leben des Josef von Ferenczy eine wichtige Rolle gespielt. Er ist zwar früh ausgerissen aus Kecskemét, ganz anders als die meisten Ferenczys. Aber losgeworden ist er seine Heimat nicht, auch nicht als Emigrant. Heute ist er einer der aktivsten Auslands-Ungarn, ein unermüdlicher Kulissenschieber für die Integration Ungarns in das westliche Europa. Inzwischen ist er sogar Sonderbotschafter seiner alten Heimat. Man wird seine Herkunft nicht los, so sehr man sich auch bemüht. Ende des Exkurses.

Das System Ferenczy? Man begreift es nicht, wenn man nur den Impresario der Populärkultur, den Stoffmanager, den Geschichtenhändler im Blick hat. Längst – vermutlich seit Ende der siebziger Jahre – bringt die Autorenagentur kaum noch Geld. Längst ist der wichtigste Geschäftszweig das, was Ferenczy »atmosphärische PR« nennt, eine Dienstleistung für die Wirtschaft, die einen »Fullservice« für die Öffentlichkeitsarbeit – Presseinformation, Werbung, Verkaufsförderung, Mediaplanung und Mediastreuung – umfaßt. Ferenczy bringt Karstadt dazu, zum hundertsten Geburtstag des Konzerns ein SOS-Kinderdorf (in Rio de Janeiro) zu stiften, organisiert wichtige Hauptversammlungen für Unternehmen der chemischen Industrie, bringt für Telekom die besten Experten des Landes zu einem großen Symposium zusammen und sorgt dafür, daß einzelne Spitzenmanager – Kunden waren zum Beispiel Heinz Dürr zu seiner AEG-Zeit, Helmut Buddenberg von BP, Hans Fridrichs als Vorstandsvorsitzender der Dresdner Bank, Carl Hahn von VW, aber auch manche Mittelständler – ihre Botschaften im Mediensystem des Landes wirkungsvoll unterbringen.

Besonders gefragt ist der Experte Ferenczy bei Kommunikationskrisen, in denen das Management seine Geschäftspolitik machte, ohne die Wirkungen in der Öffentlichkeit zu bedenken. Ferenczy kann dann Qualitäten einsetzen, über die interne Presseabteilungen oft genug nicht verfügen: Seine Autorität als Außenseiter und seine brillanten Kontakte in den Erzählmedien. Die großen Verträge sind teuer; sie kosten in der Regel fünf- oder sechsstellige Summen in Mark oder Franken, je nachdem ob sie in München oder Zürich abgewickelt werden. Aber dann konzipiert er auch eine genau auf das jeweilige Unternehmen zugeschnittene Gesamtstrategie und erreicht nicht nur die »Wirtschaftswoche« und das »Handelsblatt«, sondern auch die Publikumspresse.

Bei welcher Podiumsdiskussion soll der Vorstandsvorsitzende auftreten? Wo sind die Höhepunkte bei der Rede vor der Hauptversammlung zu setzen? Welche Werbemittel sollen eingesetzt werden? Wie lassen sich wichtige Entscheidungen in der Öffentlichkeit erklären? Für all diese Fragen werden detaillierte Antworten entwickelt. Kein Wunder, daß die eigentlichen Kommunikationsfachleute der Unternehmen oft genug Gegner eines Auftrags an Ferenczy sind. Sie fürchten, in die zweite Reihe zu geraten. Sie fürchten eine Situation, in der es heißen könnte: Den Chef berät jetzt Ferenczy.

Die Bedenken gegen dieses »System« hat Herbert Riehl-Heyse formuliert: Es funktioniere, sagt er, »einfach so, daß ›Ferenczy-Media‹ im wesentlichen auf zwei Beinen steht, die, wie das so ist bei Beinen, beide gleich nötig sind, um das Unternehmen zum Laufen zu bringen. Ferenczy hat Autoren, deren Artikel er in Zeitungen und Zeitschriften unterbringt; Ferenczy hat aber auch Geschäftskunden, die gern über sich etwas Freundliches in den Zeitungen und Zeitschriften lesen. Jetzt braucht die Firma … nur noch ihren Autoren zu sagen, sie möchten etwas Freundliches über ihre Kunden schreiben: Schon ist allen gedient, am meisten aber den offenen und flexiblen Ferenczys, die von den normalen Werken ihres Autorenstalls schon lange nicht mehr leben könnten, seit Illustrierte keine Soldatenromane mehr drucken und immer weniger Serien.

›Atmosphärische PR‹ nennt der Meister diese Technik, die scharenweise die Vorkämpfer des unabhängigen Pressewesens zur Verzweiflung treiben müßte, wenn es diese Vorkämpfer noch scharenweise gäbe – zur Verzweiflung deshalb, weil diese PR auf das ungenierteste Journalismus und Werbung miteinander verbindet und ungefähr das Gegenteil von seriösem Journalismus produziert. Daß ihm trotzdem kaum jemand böse ist, hängt außer mit dem allgemeinen Sittenverfall vor allem mit der stupenden Ehrlichkeit Ferenczys zusammen: Wenn man ihn danach fragt, sagt er schließlich selber, daß ›unser Autorenstab lebensnotwendig ist für die atmosphärische PR‹, außerdem läßt er sich ja richtig dabei zusehen, wie er mit seinen Talenten hantiert.

Wenn er also vormittags in aller Unschuld Herrn Buddenberg von ESSO PR-mäßig betreut, dann versucht er nachmittags in aller Unschuld eine Journalistin davon zu überzeugen, daß in seinem Artikel über die Ölkrise vor allem der Standpunkt von ESSO vorkommen sollte. Jetzt müssen die Artikel nur noch gedruckt werden, was verständlicherweise am allerbesten funktioniert, wenn der zuständige Chefredakteur seine Berufung dem Einfluß Josef von Ferenczys zu verdanken hat, was früher mindestens nicht nur einmal der Fall gewesen sein muß. Auf diese und andere Weise lassen sich AEG-Vorstandsvorsitzende in Blätter bringen, wie sie gerade besonders effizient ihrem schwierigen Job nachgehen, und die Vorzüge von Melissengeist auch. Und mit Politikern natürlich geht das auch.«

Von der Hand weisen lassen sich diese Überlegungen nicht. Ferenczys tiefverzweigtes Beziehungssystem ist eine Macht. Diese Tatsache ist einerseits als Werbeargument für ihn, andererseits als Angriff auf ihn verwendbar. Der Angriff ließe sich mit der Formel vom Kampfspiel parieren: Shell (übrigens kein Kunde Ferenczys) sucht sich seine Berater genauso wie Greenpeace, und die Redaktionen (in denen die Chefredakteure in der Regel übrigens schwächer sind als vor drei Jahrzehnten) haben eben die Aufgabe, fragwürdige Einflüsse des Medienmanagements abzuwehren. Der Anruf eines Medienmanagers bei irgendeinem Chef zeigt nur noch manchmal Wirkung. Im »Spiegel« zum Beispiel (und in vielen anderen Blättern) kann der Chefredakteur eine Geschichte der Bonner (oder Frankfurter) Redaktion nur mit hohem Risiko kippen. Die Autonomie des Ressorts ist gewachsen, auch in vielen Tageszeitungen. Das kontroverse, vielfältige Zeitgespräch einer offenen Gesellschaft ist durch »Medienmanagement« nicht beherrschbar. Allerdings beeinflußbar.

Das Fazit ist wohl: Man ändert die Welt nicht durch

sozialethisches Gemaunze. Je wichtiger (und komplexer) die Medienszene, desto gefragter die Dienstleistungen, die Ferenczy als erster entwickelt hat, die sich aber längst zu einer kleinen Branche ausgewachsen haben. Die Telefonstrategie eines Beraters kann legitim oder illegitim sein. Wer daraus folgern wollte, man müßte das Beraten verbieten oder als Nuttengeschäft diskreditieren, wäre hochmoralisch, aber eine Spur unrealistisch.

Nun wird das Bild durch die nächste Haut der Zwiebel, auf die man beim Schälen stößt, noch einmal komplizierter. Ferenczy ist ja seit zwanzig Jahren auch ein Politikberater. Das ist zwar kein Geschäftszweig. Strauß oder Kreisky, Genscher oder Waigel haben bei Ferenczy nie etwas bezahlt, sind auch nie bezahlt worden. Sie haben gelegentlich profitiert. Kreisky hat sein Erscheinen bei einem Fest Ferenczys so begründet: »Ich bin ja bekannt dafür, daß ich große Feste und auch kleine schon seit langer Zeit meide. Ich bin ja nicht einmal zum Opernball in diesem Jahr gegangen, was kein Opfer war, denn ich bin ja nie sehr gerne hingegangen. Aber hierher bin ich gekommen, weil ich es seit Monaten dem Herrn von Ferenczy versprochen und ich mich deshalb verpflichtet gefühlt habe, weil ich vor vielen, vielen Jahren seine Bekanntschaft gemacht habe und er etwas für mich getan hat, was ich zwar heute nicht mehr brauche, weil ich im Ausdienen bin, aber damals sehr nützlich war, ehe ich Bundeskanzler wurde; er hat die Medien auf mich neugierig und aufmerksam gemacht. Es hat viele Interviews gegeben, Fotos, und die Öffentlichkeit hat zur Kenntnis genommen, daß es mich gibt, und wenn man jemanden in dieser Zeit gehabt hat, der einem geholfen hat, als man nichts war, kann man nicht so tun, als wenn es ihn nicht gäbe, wenn man sein Ziel erreicht hat. Und das ist der Grund, warum ich mich verpflichtet fühle.«

Der Medienmanager hat sich also idealisch betätigt, natürlich auch nur bei ausgewählten Kandidaten. Lafontaine, das Haßobjekt des deutschen Besitzbürgertums, gehörte genausowenig zu seinen Klienten wie Stoiber, der Primus einer Wolfratshausener Liberalitas Bavariae. Aber natürlich zahlen auch solche Aktivitäten sich aus. Der hingeworfene Satz: »Genscher hat mir gestern gesagt, daß ...« ist keine Barschaft, aber eine Bürgschaft. Viele Politiker sind überdies tüchtige und bereitwillige Nebendarsteller. Ihre Ortsverbände haben sie an ihr Schicksal systematisch gewöhnt, sie können die ihnen zur zweiten Natur gewordene soziale Sensibilität bei der »Goldenen Kamera« genauso darstellen wie bei der Einweihung einer Gesamtschule. Insofern sind Politiker unentbehrlich. Richtig regieren sollen sie nicht gerade. Aber der Hauch der Macht sollte spürbar sein.

Als Ergänzung zu Klaus Maria Brandauer, Helmut Thoma oder, wenn's dünn wird, Roberto Blanco sind Politiker nötig. Weniger bösartig ausgedrückt: Bei einer erfolgreichen Performance sollten alle Funktionseliten vertreten sein – aus Politik, Wirtschaft, Wissenschaft und Kultur. Daher haben zum Beispiel die Vi-

Ferenczy hatte 1972 eine Werbegesellschaft gegründet, die er »Audomo« nannte.

zepräsidenten und -präsidentinnen des Bundestages mit ihrem geringen politischen Einfluß und ihrem großen Zeitbudget für Repräsentation eine Schlüsselstellung. Sie sind viel bedeutsamer als gallbittere Zeitkritiker ahnen. Ferenczy hat das immer gewußt, ohne es jemals auch nur anzudeuten.

Seine politischen Kontakte sind in der Regel aus völlig seriösen Interessen heraus entstanden. Das beste Beispiel dafür ist seine Beziehung zu der beherrschenden Figur der österreichischen Politik nach 1945, zu dem Sozialdemokraten und – in diesem Fall ist der diffamierende Begriff berechtigt – Sozialisten Bruno Kreisky. Dieser jüdische Sonnenkönig wußte im Unterschied zu seinen Nachfahren wirklich genau, was Marx, Lenin, Karl Renner und Otto Bauer gesagt hatten und wie sich ihre Aussagen voneinander unterschieden. Er war, und das in Österreich, trotzdem wählbar. Schon deshalb war er ein Fall für Ferenczy. Den reizten immer die überraschenden Kombinationen, die unerwarteten Ballungen, die pikanten Mischungen.

Zuerst einmal half er Kreisky, den er über dessen Mitarbeiter Johannes Kunz und Franz Fischer kennengelernt hatte. Ferenczy sorgte für große Bildstrekken und schöne Artikel über Kreisky in seinem Metier, den Erzählmedien. Auch an Kreiskys erfolgreichem Wahlslogan von 1969 (Kreisky – wer sonst?) soll er mitgewirkt haben. Das war zuerst einmal eine Investition in die Zukunft, die ihm keine Mark brachte und die für einen Mann wie Ferenczy mit Sicherheit nicht nur mit geschäftlichen Spekulationen begründet war. Der sozialistische Modernist Kreisky, der sich gerade gegen einen zähledernen Parteiapparat triumphal durchgesetzt hatte, imponierte dem Konservativen Josef von Ferenczy.

1972 aber wurde es geschäftlich. Ferenczy, der seine wirklichen und seine möglichen Märkte immer wie ein Luchs beobachtet, hatte schon 1969 bei dem bayerischen Ministerpräsidenten Alfons Goppel einen Antrag auf Privatfernsehen gestellt. Er wurde natürlich – sozusagen hohnlachend – zurückgewiesen. Jetzt witterte er ein großes Geschäft in dem, was man damals Kassettenfernsehen nannte. Es war ein Rausch ähnlich dem, der heute in jedem größeren Hotel zum Thema »Multimedia« produziert wird. Man wollte Wochenschauen, Morgenschauen, Bildungsprogramme produzieren und den Zeitungen und Zeitschriften beilegen. Zwar gab es noch keine billigen Abspielgeräte. Aber Ferenczy, der wie alle Unternehmer, die wirklich etwas unternehmen und nicht nur ihr Geld verwalten, ein notorischer Optimist ist, antwortete den Skeptikern mit einem überzeugenden historischen Beispiel: »Als Karl Ritter von Ghega«, sagte er, »im Jahr 1850 die Semmering-Bahn zu bauen begann, wurde er ausgelacht. Da gab es noch keine Lokomotive, die einen Zug so steil bergan ziehen konnte. Als die Bahn 1854 fertig war, war auch die passende Lokomotive erfunden.« So verlief die Technikgeschichte in der Tat oft genug. Allerdings nicht beim Kassettenfernsehen.

Ferenczy hatte schon im April 1972 mit einem Werbeagenturmann, Peter Busskamp, eine »Werbegesellschaft für Audiovision« gegründet, die er »Audomo« nannte. Dann tat er sich mit Axel Springer und dessen damaligem Generalbevollmächtigten Eberhard von Brauchitsch zusammen. Springers Ullstein-Audiovision bot sich von Finanz und Technik her an. Da man – so zitierte ihn der »Spiegel« – »aber so etwas in Europa nur noch mit dem Staat machen kann« und er genau genug wußte, daß der deutsche Staat immun gegen solche Pläne sein würde, wandte er sich an Kreisky. Geplant war eine Gesellschaft für Kassettenfernsehen, die zu einundfünfzig Prozent in der Hand des österreichischen Staates, zu sechsundzwanzig Prozent in der Hand von Springer sein sollte. Über Ferenczys Anteile war noch nicht verhandelt, als die Sache platzte.

Sie platzte an der Intrige gegen Ferenczy, über die wir schon berichtet haben. Sie wäre vermutlich auch in sich selbst gescheitert; die »Kassette« als Vertriebsform war falsch eingeschätzt worden, allerdings nicht nur von Ferenczy, sondern von der ganzen Branche. Die politische Idee aber, die hinter dem Ganzen stand, die Verkoppelung zwischen einer sozialdemokratischen Regierung (man schrieb das Jahr '72, war also in der ersten Euphorie sozialstaatlicher Reformpolitik), einem hochkonservativen Verlag (Springer kämpfte in Deutschland gegen die deutschen Sozialdemokraten) und ein paar kleinen, beweglichen, ziemlich mittellosen, aber ideenreichen Mittelständlern, diese Idee hätten die meisten Manager großer Häuser als völlig abwegig abgetan. Ferenczy aber wagte es, das Undenkbare zu denken – und gewann für seine Pläne so ernstzunehmende Leute wie Bruno Kreisky oder das Schwergewicht der damaligen deutschen Unternehmerschaft, den später im Parteispendenskandal zuerst allein gelassenen und dann untergegangenen Eberhard von Brauchitsch. War das ungarische Grandezza, kleinunternehmerische Chuzpe oder einfach Größenwahn?

Jedenfalls schaffte sich der Medienmanager mit der politischen Dimension neue Kontakte. Er wollte auch ein »Broker in headlines« (»The Telegram«, Toronto) sein – und war es. Wenn in Kanada das Parlament wegen einer Deutschen (oder deren amourösen Talenten) fast platzte – die Dame hieß Gerda Munsinger –, hatte Ferenczy sie unter Vertrag. Wenn Georges Bidault, einer der Gegenspieler de Gaulles, seine skandalträchtigen Memoiren ankündigte, nahm Ferenczy ihn unter Vertrag, schaffte ihn nach Steinebach am Wörthsee bei München, in das Haus seines Autors van Nouhuys, versorgte ihn mit Ghostwritern und bezahlte die ganze Operation auch noch. Aus dem Buch wurde allerdings nichts. Bidault war ein Mann der Rechten. Ferenczy machte aber auch eines der besten Bücher über den »Testfall Portugal« (Friedhelm Merz: Victor Cunha Rego. Testfall Portugal. Freiheit für den Sieger. 1976), wo schließlich die Linke um Mario Soares an die Macht kam; er bediente sich dabei der Kontakte der sozialdemokratischen Friedrich-

Ebert-Stiftung. Medienmanagement hieß für ihn nach wenigen Jahren, in denen er sich vollständig auf die Unterhaltungsmedien konzentrieren mußte, sehr bald Vielstimmigkeit. Die wirklichen »Synergien«, so erkannte er, entstehen durch die genaue Kenntnis der Örtlichkeit, durch das Überblicken von Zusammenhängen. Deswegen die Gleichzeitigkeit seines Engagements in der Unterhaltung, der Wirtschaft, der Politik.

Auch daraus folgen natürlich wieder Probleme. Mainhardt Graf Nayhauss, seit langem der Gesellschaftskolumnist der »Bild«-Zeitung, hat sie plastisch geschildert.

»Wenn du in Bonn warst«, schreibt er, »erreichte mich nicht selten ein ›in Springerlyrik‹ (dreißig Anschläge pro Zeile) geschriebener Brief, in dem du schreibst: ›Ich wäre nicht Ferenczy, wenn ich mich nicht gleich nach Rückkehr nach München melden würde, da ich eine schlaflose Nacht in Bonn verbracht habe ... Es wäre nett, wenn Du mich gleich einmal anrufen könntest.‹

Dann vernehme ich aus dem Telefonhörer deine leidende Stimme, und ahne, was kommt: ›Kinkel hat sich über dich beschwert.‹

Oder: ›Rühe hat sich über dich beschwert.‹

Auch: ›Juliane Weber hat sich über dich beschwert.‹

Ferenczy – die Klagemauer für Bonner Politiker und ihre Vorzimmerdamen. Du mit deiner einmaligen Fähigkeit, ›saure Gurken als Sachertorte zu verkaufen‹ (O-Ton Ferenczy), bringst es dann immer wieder fertig, daß die beleidigten Damen und Herren doch wieder mit mir reden.«

Es ist wie bei der »atmosphärischen PR«. Keine Befehlsstränge, kein geschlossenes System, keine Knopfdruck-Manipulation. Nayhauss sagt, daß ihn die Bekümmerung der Juliane Weber in der Regel nie bekümmert habe. Ferenczy habe auch niemals wirklich etwas verlangt. Aber Geschichten plazieren, Präsenz schaffen, Atmosphäre entspannen, das kann dieses Management des Backgrounds. Deswegen ist es der Politik längst unentbehrlich.

Jetzt kommt die Abrundung: die Feste-Kultur. Wie entstehen in einer Gesellschaft, die keine Gesellschaft mehr hat – in der also weder Adel noch Bürgertum noch sonst eine Schicht existiert, die sich selbst darstellt, die über Spielformen, Stil, eine Bestimmung von Nähe und Distanz, Rituale verfügt –, Kommunikationsräume? In der Geldstadt Frankfurt oder der Medienstadt Hamburg mögen ja noch Reste einer Bourgeoisie bestehen, die sich gegenseitig einlädt und sich wichtig nimmt (Thomas Mann: »Wer sich nicht wichtig nimmt, verkommt«). In Bonn aber, der bisherigen Hauptstadt, gab es fast nichts dergleichen; die Politiker pflegen in Bundeswohnungen für fünfhundert Mark zu leben. In Berlin, so hört man, soll es immerhin eine Gräfin geben, die das arrangiert, was »die Gesellschaft« früher einmal von selber brachte.

Kurz und gut: In einer Gesellschaft, die kaum noch Gesellschaft hat, müssen auch die Kommunikationsräume organisiert werden. Entweder professionell. Man kann den vorzüglichen Kölner Agenten Manfred Schmidt engagieren. Der arrangiert (für »Premiere« oder einen Tabakkonzern) schöne Feste. Oder man muß selbst als Gastgeber auftreten. Das tut Ferenczy; er macht sich seine Kommunikationsräume selber, er schafft die Events, über die dann berichtet wird (und bei denen Gespräche in Gang gebracht werden können, die naturwüchsig nicht entstehen würden). Schön, daß er damit auch noch einer eigenen Neigung nachkommt. Im großen hält er sein Geld zwar zusammen. Ansonsten aber ist er großzügig. Es freut ihn, wenn sich seine Gäste wohl fühlen. Er liebt eine gewisse Feierlichkeit. So führt er einen – diskontinuierlichen – politischen Salon.

Natürlich verlangt diese Art von Feste-Kultur harte Arbeit. Wer fünfhundertneunundvierzig Eckfiguren aus unterschiedlichen Milieus zusammenbringen will (so bei einem seiner vielen »Ferenczy-Treffs«, diesmal im Mai 1984), muß viel und perfekt telefonieren, auch hartnäckig. Ferenczy beherrscht das. Und selbstverständlich beherrschen seine Leute (es sind nicht viele Leute, und es sind über viele Jahre immer dieselben Leute) die Geheimnisse von Tischordnung, Hintergrundmusik und Redenprogramm. Natürlich kennt Ferenczy die Klatschkolumnisten gut genug, um dafür zu sorgen, daß sie die Überschrift »Ein großes Fest zur rechten Zeit« erfinden. Es ist nur so, daß die Gäste häufig den Eindruck haben, daß derlei Überschriften stimmen.

Die Anlässe seiner Feste? Das ist Vordergrund. Natürlich hat immer einer aus der Familie Geburtstag, natürlich muß immer wieder ein großes Ferenczy-Projekt präsentiert werden, natürlich gibt es viele Möglichkeiten zu Jubiläen. Manchmal ist aber auch ein Ungar zu feiern. Manchmal – wenn Margarethe Schreinemakers die erste verlassene Frau des Finanzministers in ihrem Leid präsentiert hat – muß Ferenczy den Finanzminister mit seiner zweiten Frau in die Gesellschaft einführen. Wer täte es sonst? So läßt er in seinem Garten immer wieder Zelte aufbauen. Die Gäste laufen ihre Kür. Die Familie läuft ihre Pflicht. Die Atmosphäre ist mondän. Aber das ist nicht Verschwendung, es ist ein Teil des Systems.

Manchmal übrigens erreicht er mit der Absage eines Festes ein größeres Echo als mit dem Fest selbst. Die Einweihung seines neuen Bürohauses im April 1997, zu der schon halb Deutschland zugesagt hatte, fand nicht statt. Er spendete statt dessen hunderttausend Mark an kleine Betriebe, zum Beispiel die Damenmaßschneiderei La Silhouette in München-Haidhausen für ein Projekt mit arbeitslosen Jugendlichen. Bei fünf Millionen Arbeitslosen wolle er keine Käfer-Buffets aufbauen lassen. Die Zustimmung zu dieser Selbstbeschränkung war gewaltig.

Heinz van Nouhuys, einer der ältesten und einer der erfolgreichsten Ferenczy-Autoren, hat ihn sogar »geizig« genannt. Das war nicht diffamierend gemeint; denn daß Ferenczy-Feste einhundertfünfzigtausend Mark und mehr kosten können und daß sei-

Firmenentwicklung Ferenczy-Gruppe

7.3.57	Film-Presse-Agentur Katharina Salvaggio KG
23.12.64	Ferenczy Presse Agentur KG
9.3.72	Publicity GmbH (urspr. Werbeagentur GmbH)
17.1.80	Ferenczy TV Fernseh- u. Filmproduktion GmbH (ursprünglich Televisions-Produktion GmbH)
17.10.80	Script Medienagentur GmbH (urspr. Script Buchagentur GmbH)
26.10.87	Ferenczy Media Unternehmensberatung und Medien-Kommunikation GmbH (urspr. Ferenczy Medien-Finanzierungsagentur GmbH)
29.1.90	F-Consult Außenwirtschaftsberatung GmbH (urspr. Hungaroconsult Außenwirtschaftsberatung GmbH)
27.9.90	Edition Ferenczy bei Bruckmann GmbH & Co.
4.4.96	Ferenczy Beteiligung GmbH
29.10.96	Ferenczy Media Holding AG

Ferenczys Medienreich

Die operative Verantwortung für die Geschäftsfelder überläßt Josef von Ferenczy weitgehend seinen Söhnen

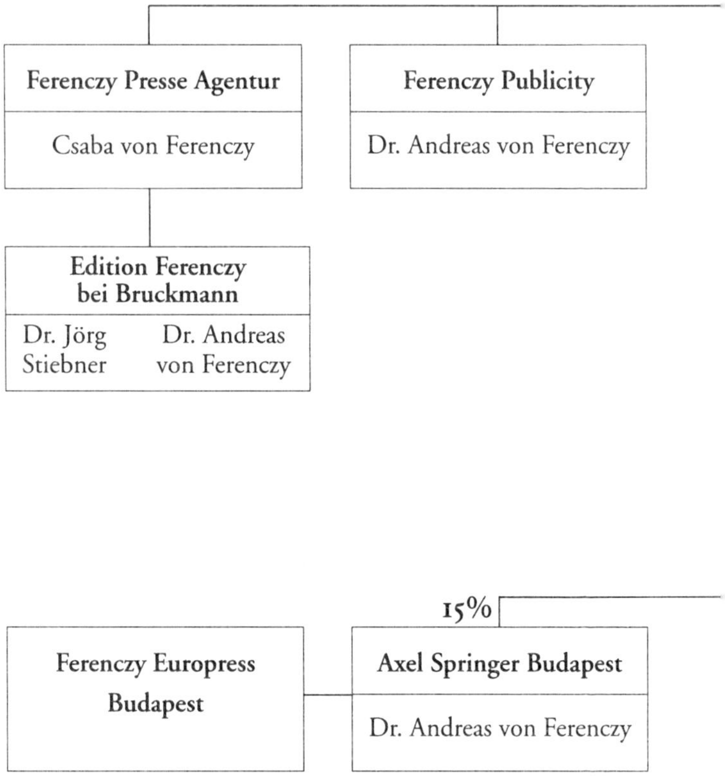

Quelle: Top-Business, Industrie-Magazin Nr. 5
Mai 1992, S. 30

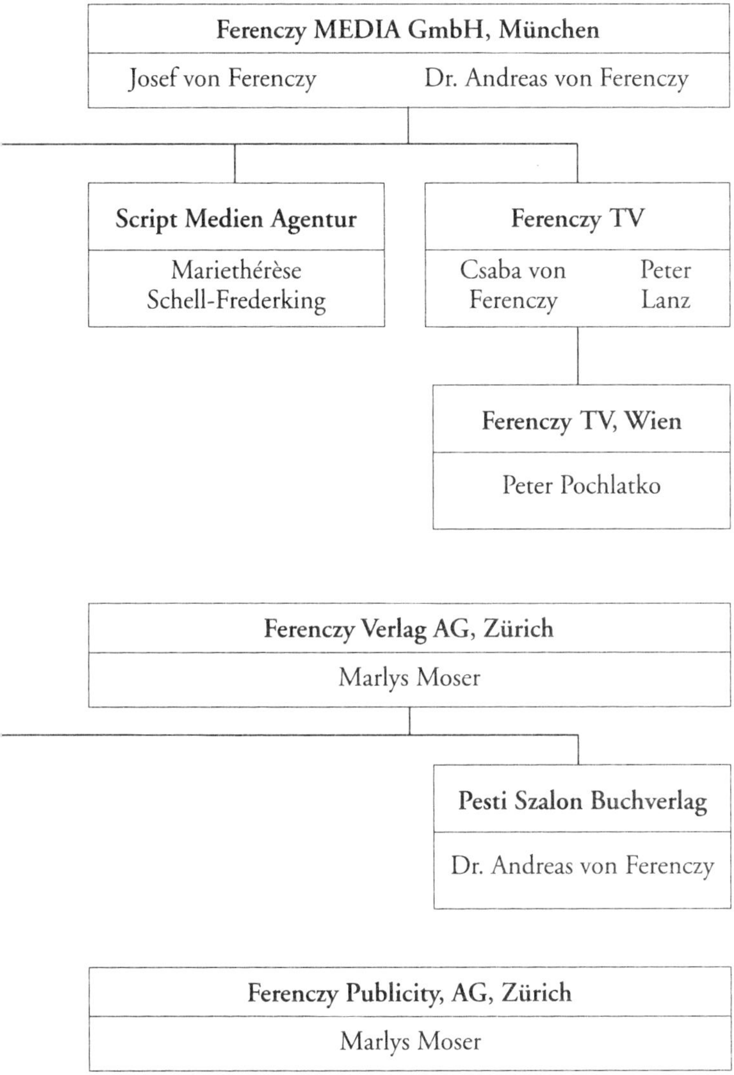
Ferenczy MEDIA GmbH, München
Josef von Ferenczy
Dr. Andreas von Ferenczy
Script Medien Agentur
Mariethérèse Schell-Frederking
Ferenczy TV
Csaba von Ferenczy
Peter Lanz
Ferenczy TV, Wien
Peter Pochlatko
Ferenczy Verlag AG, Zürich
Marlys Moser
Pesti Szalon Buchverlag
Dr. Andreas von Ferenczy
Ferenczy Publicity, AG, Zürich
Marlys Moser

Feren©zy Media Holding AG

Tochtergesellschaften

DEUTSCHLAND

Feren©zy Presse Agentur
Feren©zy Publicity GmbH
Feren©zy Media GmbH
Feren©zy TV GmbH
S©ript Medienagentur GmbH

UNGARN

Feren©zy Buch-, Zeitungs- und Zeitschriften Verlag KFT

Beteiligungen

DEUTSCHLAND

edition ferenczy bei Bruckmann
Power Promotion GmbH

SCHWEIZ

Feren©zy Verlag AG Zürich
Feren©zy Publicity AG Zürich

UNGARN

Feren©zy TV Budapest KFT
Feren©zy Media Budapest KFT

ÖSTERREICH

Feren©zy Media
viennaentertainment

RUMÄNIEN

Feren©zy Euromedia SRL
Bukarest/Klausenburg

Ferenczy Beteiligungsgesellschaft mbH

Axel Springer Budapest KFT
Ferenczy Europress Budapest

Axel Springer Magyarország KFT

Quelle: Die neueste Selbstdarstellung von »Ferenczy Media« (Herbst 1997).

ne Geschenke allemal großzügiger sind als die aller Großverleger, ist nicht zu übersehen. Nein, Nouhuys meinte seine Geschäftspolitik. Kirch hat, um seine Ideen durchzusetzen, immer wieder seine Existenz riskiert. Das hat »der kleine Ferenczy« nie. Er beteiligte sich schon mal an »Radio Xanadu« zu sechzehn Komma sechs Prozent, aber nie an sündhaft teuren Fernsehträumen, an denen manche Zeitungsverleger Millionen verloren haben. Der Unternehmer Ferenczy hat ein mondänes Image, aber einen Handwerkerverstand. Er widersprach nie, wenn die Leute von seinem »Imperium« sprachen. Aber er wußte, daß er kein Imperator war, sondern ein mittelständischer Unternehmer. Mit Agenturen für Medienmanagement kann man ordentlich Geld verdienen; als Keimzellen zu Großkonzernen eignen sie sich nicht. Das Medienmanagement verlangt schlanke Strukturen.

Natürlich könnte man mit den Schautafeln über die Ferenczy-Unternehmen ganze Kapitel bestreiten. Ein System chinesischer Schachteln. Während eines Urlaubs mit Bertholds in Ascona sagte Katharina von Ferenczy besorgt: »Mein Mann muß krank sein. Er hat schon drei Wochen keine Firma gegründet.« Im Kern aber betrieb er sein Geschäft eh und je mit seiner Frau, seinen Söhnen und einer Handvoll – Frauen, tüchtigen Frauen. Er hatte zu Zeiten hundertvierzig Vertragsautoren; aber nie mehr als dreißig Angestellte. Die Sache mit dem Lean Management war ihm klar, bevor der Begriff bei uns in Mode kam und die coolen Kostenmanager zum Rasen brachte.

Ferenczy und Joschka Fischer, Januar 1986. »Aber ist ein kluger Jungä.«

Ferenczy und Strauß, auch 1986. »Es ist ein unbeschreiblicher Skandal …«

Fragt man ihn nach seinem Vermögen, bekommt man die Antwort: »Ich habe kein Vermögen.« Immerhin konnte er, als nach dem Tod seines Sohnes Andreas einiges in Ordnung zu bringen war, viereinhalb Millionen aus der Privatschatulle nachschießen. Man muß sich keine Sorgen machen um Josef von Ferenczy. Aber das System Ferenczy lebt aus der mittelständischen Bauweise. Und es lebt von seinem Gründer.

Was also ist Medienmanagement? Da kann man sich zu Tode definieren. Man könnte sagen: Bei Ferenczy ist es eine Verbindung von Populärkultur, Industrie-PR, Event-Marketing und Politikberatung. Diese Dienstleistungen sind inzwischen so professionalisiert, daß sie keineswegs nur von Genies betrieben werden können. Der Geniekult gehört in Sturm-und-Drang-Perioden; wir dagegen leben in Spätzeiten. Natürlich kann man das System Ferenczy kopieren. Die Frage ist nur, bis zu welchem Grade man damit erfolgreich sein kann. Dirigieren kann man lernen. Aber Dirigieren ist auch eine Frage der außeralltäglichen Ausstrahlung. Max Weber sprach von »Charisma«. Charisma brauchen nicht nur Führer, Dirigenten, Hypnotiseure und große Tennis-Cracks. Charisma brauchen auch Medienmanager.

1956. Ferenczy und Will Berthold fahren durch Hannover. Der Antikommunist Ferenczy legt dem linken Skeptiker Berthold feurig dar, daß er noch heute mit der Waffe in der Hand gegen die Kommunisten kämpfen würde. Dann stellen die beiden Männer das Radio ein. Verdutzt hören sie die ersten Nachrichten über den Ungarnaufstand. Berthold sagt trokken: »Steig aus, Joschka, geh kämpfen!« Ferenczy ist wütend ausgestiegen, für diesmal.

1985. Ferenczy hat ein Interview mit Joschka Fischer, der auch damals stärksten Figur der »Grünen«, gemacht. Es wurde in dreiundsechzig Zeitungen abgedruckt. Franz Josef Strauß tobte. »Es ist ein unbeschreiblicher Skandal, solche Kryptokommunisten hochzujubeln. Mit Ihnen will ich nie mehr etwas zu tun haben.« Ferenczy: »Muß ich akzeptieren. Aber ist ein kluger Jungä. Werden noch viel mit ihm zu tun haben.« Strauß hängte wütend ein, für diesmal.

Vermutlich kann beim Medienmanagement nur erfolgreich sein, wer solche Widersprüche aushält.

5. KAPITEL

Der Medienmanager II

Ein Interview mit Raimund le Viseur (Mai 1997)

LV: Ich kam 1967 nach München zu einer neu zu gründenden Zeitschrift. Sie hatte damals den Projektnamen »Orion«. Das wurde später »Jasmin«. Einer der ersten Aufträge, die ich überhaupt bekam, war, einen gewissen Josef von Ferenczy zu interviewen. Der wohnte damals in der Nähe des Englischen Gartens. In dieser Gegend hatte früher Thomas Mann gewohnt. Es wurde eine schöne Geschichte mit einer großen Bildstrecke.

G: Sie wurden schon beim ersten Interview Ferenczy-Autor?

LV: Nein. Von diesem ersten Interview an haben wir uns gelegentlich gesehen. Ich war damals ein junger, viel zu früher Aufsteiger. Ich ging also zu »Jasmin«, war da Redakteur für besondere Aufgaben und wurde dann ziemlich schnell stellvertretender Chefredakteur und Chefredakteur. Der erste Chef war Günter Prinz. Der nahm die halbe Truppe mit zur »Bild«-Zeitung, als er dort Chefredakteur wurde. Ich wollte da nicht hin, sozusagen aus weltanschaulichen Gründen. Ich wollte nicht zu diesem Kampfblatt der Reaktionäre, das später von Prinz ja relativ entpolitisiert wurde.

G: Wie waren die ersten Kontakte mit Ferenczy?

LV: Ferenczy war damals für jemanden, der aus Berlin kam, eine merkwürdige Legende. Ihm ging der Ruf voraus, daß er nach starken Herrendüften roch. Man sagte immer: Wenn Ferenczy vor dem Haus aussteigt, riecht man schon in der fünften Etage, daß er kommt. Er war hochelegant angezogen, aber ein wenig outriert, sozusagen mit Brokatjäckchen. Ich habe ihn später einmal gefragt, warum er denn auch dann, wenn er in Hamburg mit Leuten von Gruner & Jahr redet, so pompöse Jacken mit rotem Innenfutter trägt. Das lenke diese Leute so ab und sei für sie so operettenmäßig, hat er geantwortet, daß sie sich nur noch damit beschäftigten und ihn nicht ernst nähmen. Damit habe er schon einen halben Sieg errungen. Ferenczy galt damals in der Branche als der große Beweger. Er hat regelrechte Wellen entfesselt. Die erste begann mit Kriegstexten von Will Berthold und wurde von Heinz G. Konsalik fortgesetzt. Er hatte einen riesigen Stall von Autoren, es hieß immer, es seien 132. Ich habe sie aber nie nachgezählt.

Als ich das erste Mal in das Haus von Ferenczy kam, war ich völlig eingeschüchtert. Ich war ein kleiner linker Filmkritiker aus Berlin. Auf meinem Weg zu seinem Tisch war die ganze Familie aufgebaut, an verschiedenen Plätzen – die alte Mutter Katharina von Ferenczys, die beiden Söhne. Man mußte sich vorstellen. Ich werde den ersten Dialog nie vergessen. Ich habe ihm gesagt: »Man sagt Ihnen ja nach, Herr von Ferenczy, daß Sie Menschen gut kennen. Sagen Sie mir doch, was fühle und denke ich jetzt über Sie?« Darauf hat er brillant geantwortet. Ich war damals 32. Ich kann nach so vielen Jahren seine Worte nicht wiedergeben. Aber er hat mir in differenziertester Form meine eigenen Gefühle zu seiner Person geschildert. Seitdem gibt es ein inneres Band zwischen ihm und mir. Ich weiß, daß er mich sehr gut kennt, obwohl wir überhaupt keine tiefgehenden persönlichen Beziehungen haben. Ich bin bei ihm seit Oktober 1971 unter Vertrag, aber wir waren noch nicht ein einziges Mal zusammen Essen oder Kaffeetrinken.

G: Ich glaube, er geht nicht aus zum Essen. Er lädt nur ein.

LV: Genau. Aber wie gesagt: Obwohl wir nicht viele persönliche Berührungspunkte haben, ist er in Krisensituationen – und zwar beruflich und persönlich – sofort da. Er wittert Probleme, und er mischt sich ganz vorsichtig, aber bestimmend ein. Allerdings tritt er einem nie zu nahe. Meine Behauptung: Er kennt die Menschen, er weiß, wie die Menschen sind, er will zwar Anteil an ihrem Schicksal nehmen, aber sich nicht zu sehr mit ihnen einlassen, weil übermäßige Vertraulichkeit zu Krächen oder Anmaßungen führen könnte. Deswegen ist er für mich sozusagen Süditalien, eine »mafiose Beziehung«. Ich meine das positiv. Bei Ferenczy weiß ich absolut: Auf den kann ich mich verlassen. Als meine Frau in Harlaching unseren Sohn, David, bekam, da war sein Blumengesteck schon da, bevor ich die halbe Stunde von der Wohnung bis nach Harlaching zurückgelegt hatte. Ferenczys Blumen waren vorher da. Ich habe oft gespürt, daß er wußte, was mit mir los ist. Ich hatte Grippe. Da rief gleich irgendein Professor bei mir an, ob er mir nicht helfen könne. Ferenczy hatte ihn angerufen.

Gelegentlich wurde er rätselhaft. Er rief mich an und sagte: »Vergessen Sie nicht, Ihre Frau ist ein Engel, der Engel Ihres Lebens, machen Sie keine Fehler, bitte.« Ich war gar nicht dabei, Fehler zu machen. Er hatte aber ihre Stärke erkannt. Irgendwann sagte er zu mir: »Würden Sie bitte zu unserem nächsten Gespräch Ihre Frau mitbringen?« Ich fragte zurück: »Wieso?« »No«, sagte er, »ich möchte wenigstens *einen* vernünftigen Menschen bei diesem Gespräch haben, mit dem ich über Geld reden kann.« Das heißt: Er nimmt meine Frau auf bestimmten Feldern ernster als mich. Ich bin für ihn so eine Art Clown, der eine gewisse Begabung hat, zum Beispiel die Begabung, Illustrierten-Texte zu schreiben. Menschlich nimmt er meine Frau ernster als mich. In solch einem Schwebezustand ist unser Verhältnis immer geblieben.

Oder ein anderes Beispiel: Es ist – sagen wir einmal – Anfang Dezember, und die Verlage, bei denen man viele Artikel abgeliefert hat, die auch gedruckt worden sind, zahlen nicht, weil sie diese Kosten ins nächste Jahr schieben wollen. Dann sitzt man als kleiner freier Schreiber da und hat vor Weihnachten kein Geld. Selbstverständlich borgt einem Ferenczy eine Summe im fünfstelligen Bereich. Über die Frage, welche Zinsen das kostet, wird niemals gesprochen.

Mir ist schon passiert, daß wir glaubten, wir müßten Weihnachten ohne Baum und Kekse feiern, weil die Schweine von diesem oder jenem Verlag nicht bezahlt hatten. Da waren wirklich namhafte Summen aufgelaufen. Ich erinnere mich an das Jahr 1978. Da hatte ich für ein großes und renommiertes Blatt lange Serien geschrieben. Es kam nichts. Die behandelten mich wie Luft. Offensichtlich fanden sie, daß es für mich eine Ehre gewesen sei, für sie ein großes Portrait der israelischen Ministerpräsidentin Golda Meir schreiben zu dürfen. Die Ehre sollte Honorar genug sein, dachten die sich wohl, obwohl das Honorar genau vereinbart war. Wir fahren immer auf eine bestimmte griechische Insel in die Weihnachtsferien. Im Jahr 78 mußte ich meiner Frau sagen: »Diesen Urlaub können wir uns nicht leisten.« Da sagte mir meine Frau: »Ruf doch Ferenczy an.« Und wirklich. Der hat dann dafür gesorgt, daß sofort gezahlt wurde. Und wir konnten nach Lemnos fahren, die Insel unserer Liebe.

G: Es sind also seine Verknüpfungsfähigkeiten?

LV: Ja, genau. Einmal habe ich mich über einen Chefredakteur wahnsinnig geärgert. Das war kurz vor der Ferienzeit. Ich hatte eine ganze Serie im voraus geschrieben, weil ich wußte, daß ich vier Wochen in Urlaub gehen wollte. Dieser Mensch aber las nichts.

Mein Wunsch war nur, daß er den Text lesen und sagen sollte, ob die Sache in Ordnung ist oder ob noch etwas umgeschrieben werden muß. Der Kerl hat sich nicht gerührt. Vermutlich hatte er in diesen Tagen eine gewisse Animosität gegen mich. Ich bekam einen wilden Jähzornanfall und brüllte: »Ich ruf' den jetzt an und sag' ihm, was für ein Riesenarschloch er ist.« Da sagte meine Frau ganz trocken: »Ruf doch lieber Ferenczy an.« Das habe ich gemacht. Nach fünf Minuten hatte sich das Problem in Luft aufgelöst. Die Serie gefiel dem Herrn. Ich konnte verreisen. Das Geld wurde vorher überwiesen. Eben noch war ich in meinem biblischen Zorn völlig zusammengesunken. Jetzt sagte ich: »Ach nee, so einfach ist das Leben.«

G: Wenn jemand so einen großen Einfluß hat, hat er diesen Einfluß auch genutzt? Hat er Sie politisch beeinflußt?

LV: Er hat in all diesen langen Jahren nicht ein einziges Mal auch nur sanften Druck auf mich ausgeübt. Ich muß ja bekennen, daß ich ein glühender Verfechter der Sozialdemokratie bin, ohne organisiert zu sein. Ich weiß noch, ich war beim »Playboy« Chefredakteur, wie sich einer der schönsten Tage meines politischen Lebens zutrug, der Tag, an dem das Mißtrauensvotum gegen Willy Brandt scheiterte. Wir haben ein großes Fest gemacht. Und da kamen dann also die angeblich rechtsradikalen Redakteure der »Quick«, die ja gerade die Bahr-Papiere veröffentlicht hatten, aus einer trüben Quelle. Alle kamen und haben bei uns in den Zimmern getanzt.

Anderes Beispiel: Über die Rolle der FDP bei der Ablösung von Helmut Schmidt habe ich mich sehr geärgert. Ich hatte zu dieser Zeit also einen Rochus auf Hans-Dietrich Genscher. Ferenczy hat mich damals gefragt, ob ich nicht ein großes »Playboy«-Interview mit Genscher machen wolle. Genscher sei dazu bereit. Ich habe geantwortet: Nein, ich möchte diesen Mann nicht sehen. Der sei sowieso eine politische Leiche. Das zeigt, daß mein politischer Weitblick nicht so grandios war. Aber ich hätte damals das Interview mit Genscher nicht ertragen. Ferenczy sagte ganz ruhig: »Dann eben nicht.« Ich weiß, daß er bei manchen sehr massiv sein kann. Da kommt dann morgens um fünf Uhr der Telegrammbote mit dem Text: Würden Sie mir bitte umgehend mitteilen, woran Sie gerade arbeiten. Das ist die Botschaft für Faulpelze. Ich habe so etwas nie erlebt. Also nein, von Druck kann ich nicht reden.

G: Er hat sozusagen für Ordnung gesorgt in seinem Autorenkreis?

LV: Ich erinnere mich an die frühen siebziger Jahre. Da gab es damals den berühmten Heinz van Nouhuys und den später auch prominenten, klugen Fred Baumgärtel. Wir saßen Ecke Karl-/Augustenstraße im Zentrum Münchens herum und redeten über Themen. Es ging vor allem um die »Quick«. Da wurde es auf einmal Sitte, daß wir zum Mittagessen in ein Lokal auf die Theatinerstraße gingen. Ich erinnere mich nicht mehr an den Namen, das Lokal gibt es nicht mehr. Es gab vier Formen von Diktatur auf der Speisekarte. Für Diktatur 1 mußte man 80 Mark zahlen, für Diktatur 2 100 Mark – und so weiter gestaffelt. Wer Diktatur 4 bestellte, bekam alles, was sich das Haus als schön vorstellte. Man konnte aber nicht bestimmen, was man selber wollte. Man mußte essen, was auf den Tisch kam. Dazu wurde viel getrunken: Champagner, dann Wein, dann Schnäpse. Wir kamen frühestens um neunzehn Uhr wieder in die Redaktion, waren angesäuselt und kamen uns richtig großartig vor. Da hat mich dann irgendwann Ferenczy zur Rede gestellt. Er hat gesagt: »Hab' ich gehört, Sie trinken schon ab zwölf Uhr morgens. Das möchte ich Ihnen bitte sofort untersagen.« Daran habe ich mich auch gehalten.

Oder ein anderes Beispiel: Als junger Mann verkehrte ich natürlich auch in den entsprechenden Bars von München, in Harry's Bar, wo der jetzige Besitzer von Münchens berühmtester Bar, Schumann's, damals noch an der Theke stand usw. Da saß man bis in die Puppen und redete über Gott und die Welt. Irgendwann sagte Ferenczy zu mir: »Bitte überhaupt nicht mehr dahin gehen. Weil dann kann keiner behaupten, le Viseur habe gesagt, Herr Soundso sei ein Riesenroß.« Sie werden lachen, auch daran habe ich mich bis heute strikt gehalten.

G: Wie ist die Arbeitsbeziehung? Wie geht das praktisch vor sich?

LV: Bei mir ist das sehr einfach. Auch da greift Ferenczy nur punktuell ein. Ein- oder zweimal im Jahr ruft er mich an und fragt: »Könnten Sie nicht so lieb

Ende der sechziger Jahre. So war das Leben mit Ferenczy.

sein und bei der ›Bunten‹ oder bei der ›Hör zu‹ diese oder jene Geschichte vorschlagen.« Im übrigen bin ich völlig frei. Ich mache meine Themenvorschläge gegenüber den Redaktionen und wickle das Journalistische alles selber ab. Ferenczy ist eigentlich erst gefragt, wenn etwas schiefläuft oder wenn die Schienen in die Zukunft neu verlegt werden müssen.

G: Sie haben den berühmten Fünfundzwanzig-Prozent-Vertrag, den manche als legendären Knebelungsvertrag bezeichnen, der den Autor angeblich zu einer Art Leibeigenem macht?

LV: Ja. Er würde, selbst wenn ich mit Holzhacken Geld verdienen müßte, fünfundzwanzig Prozent bekommen. Aber er ist halt flexibel. Als es zum Beispiel einmal darum ging, daß ich ein Buch für die Edition Ferenczy bei Bruckmann schreiben sollte, habe ich ihm gesagt: »Wenn ich da auch noch fünfundzwanzig Prozent abführen muß, dann schreibe ich es gar nicht.« Dann sagte er nur: »Weg.« So etwas war zwischen uns noch nie ein Problem.

G: Wir waren bei seiner »Verknüpfungsmethode«.

LV: Wir treffen uns vielleicht alle zwei Monate. Auch wenn nichts weiter ist. Wir sitzen dann eine halbe Stunde zusammen, aber wirklich nicht mehr. Manchmal sagt er dann: »Würde sagen, müssen verstärken Schiene ›Bild‹-Zeitung.« Ich weiß dann nicht, warum er das sagt. Aber ich weiß, daß er vermutlich recht hat. Denn er hat natürlich durch die Vielzahl seiner Kontakte und Informationen irgend etwas erfahren, was ich noch nicht wissen kann. Beispiel: Irgendwann war offenbar bei der »Quick« Rauch in der Hütte. Irgendeiner der vielen Chefredakteure wackelte. Das durfte er mir aber noch gar nicht sagen. Er sagte mir statt dessen komischerweise: »Der Claus Jacobi würde Sie gerne kennenlernen.« Ich verstand nichts. Jacobi war damals Chefredakteur der »Welt am Sonntag«. Jacobi lud mich zum Frühstück in seine feudale Hamburger Privatwohnung ein. Von da an verstärkten sich die Beziehungen zwischen uns beiden. Plötzlich kippte bei »Quick« der Chefredakteur. Ich hatte dort kaum noch etwas zu tun. Das war nun für mich kein Problem, weil ich ellenlange Serien für die »Welt am Sonntag« schrieb. Auf gut deutsch: Ich wäre in die Krise bei der »Quick« blind hineingelaufen. Ferenczy hat mich davor bewahrt. Autorenverträge sind eigentlich nichts wert, sagt mir meine Erfahrung. Nicht einmal das Papier, auf dem sie stehen. Der Vertrag mit Ferenczy war für mich immer etwas wert.

G: Hat es Situationen gegeben, in denen er Ihnen Stoffe anbot, die Sie schreiben sollten?

LV: Nein, jetzt nicht mehr. Diese Zeiten waren eigentlich schon vorbei, als ich die Zusammenarbeit mit Ferenczy begann. In der Frühzeit gab es schon mal da und dort eine Situation, wo er zum Beispiel sagte, er meine, man müsse jetzt stärker den nationalen Aspekt betonen. Die Deutschen hätten überhaupt kein Vaterlandsbewußtsein, keinen Nationalstolz. Da ist eine Lücke, die müsse man füllen. Nur war ich da sowieso die falsche Adresse. Ich habe ein sehr distanziertes Verhältnis zur Nation. Ich bin Jahrgang 1937, Berliner, in den Bombennächten groß geworden. Meine Familie ist jüdischer Herkunft. Ich war konfrontiert mit dem Problem der Endlösung. Mir kann man mit der Nation nicht kommen. Aber das hat er natürlich klaglos akzeptiert.

G: Die Zeit der Wellenentfesselung ist also vorbei?

LV: In der Tat. Das war eine andere Zeit. Das waren ja abenteuerliche Gestalten, die damaligen Chefredakteure. Die brauchten Nachhilfe. Trunksüchtig, ungebildet, grauenhaft. Wenn man die im Film sehen würde, man würde es nicht glauben. Es war eine Branche, die soff, die hurte, die sich selber berühmte. Es lief ja auch alles wie von selbst. Die Verlage hatten im Gegensatz zu heute durch ein reiches Anzeigenaufkommen aberwitzige Summen zur Verfügung. Es war irgendwie ein Redlight District, und gerade München war eine Sumpfblüte dieser Branche. Das war so irre, so unseriös wie die Schlagerbranche.

G: Ist das Geschäft Ferenczys nicht sehr viel schwächer geworden?

LV: Ich habe keine Ahnung. In den Bereichen, die ich überschauen kann, gibt es weniger Ferenczy-Autoren als in den sechziger und siebziger Jahren. Früher bei »Quick« gab es sogar ein Autorenzimmer. Da saßen und rauchten fünf oder sechs Ferenczy-Autoren. Aber er hat ja jetzt wohl andere Geschäftszweige.

G: Die hatte er ja wohl immer. Denken Sie an Emmie Oprecht und Zürich.

LV: Richtig, das war einer der großen Emigrantenverlage Zürichs. Ihr Mann Emil Oprecht muß ein enger Freund der Familie Mann gewesen sein. Der Sohn, Golo Mann, war noch mit Emmie ganz dick. Ich war einmal bei Golo Mann in Kilchberg zum Interview. Da kam auf einmal Emmie Oprecht rein und sagte: »Ich muß Ihnen leider den Herrn Professor entführen, der kriegt gleich das Bundesverdienstkreuz.« Emmie Oprecht war eine Schweizer Therese Giehse. Sie war sehr klein, sehr schlicht, sehr hausfrauenmäßig, aber sie hatte ein unglaubliches menschliches Engagement. Sie hat sich immer um meine Kinder gekümmert. Sie wußte wohl, daß das Familiäre für mich sehr wichtig ist. Sie hat mich immer gefragt, wie es meiner Frau ginge, was wir machten, ob wir in Urlaub führen, warum denn immer nach Griechenland usw. Wenn ich dann mal versucht habe, den Spieß umzudrehen, hat sie erzählt, wie sie dem jungen Lenin Bonbons gebracht hat. Sie war die Mutter der Kompanie. Über sie lief alles. Irgendwann sagte Emmie zu mir: »Herr le Viseur, Sie schmeißen das Geld so raus.« Sie wollte mich zum Sparen verleiten. Ich sollte was zurücklegen. Leider ist sie gestorben, bevor ich zur Vernunft kam.

G: Waren Sie ein Sonderfall? Oder hat sie sich mit vielen Autoren auf diese Weise auseinandergesetzt?

LV: Ich glaube schon, irgendwann erzählte sie mir, daß es eine Autorin gäbe, Denise de Boer. Von der sagten die Klatschmäuler der Branche, sie schreibe vor allem über das Liebesleben der Kaninchen auf Tasmanien, in der »Praline« in achtundsechzig Folgen. Man redete also mit einer gewissen Verächtlichkeit über diese Frau. Dann hat Emmie mich mit ihr zusammengebracht. Sie schickte uns in ein berühmtes Zürcher Lokal zum Mittagessen. Da habe ich dann bemerkt, daß die Frau de Boer eine sehr fleißige und sehr ernstzunehmende Person ist. Die hat zwar zum Teil ihr Geld mit Kaninchen verdient, aber eben auch mit anderem. Das heißt, Frau Oprecht war daran interessiert, daß sich die unterschiedlichen Ferenczy-Autoren untereinander kennen, und sie hat auch dafür gesorgt, daß sie sich kennenlernten. Für Ferenczy hat Emmie eine entscheidende Rolle gespielt. Die intellektuell wichtigeren Dinge hat Ferenczy über Emmie und den Europa Verlag gemacht, den er mit ihr zusammen gegründet hat.

G: Erzählen Sie mir zum Abschluß noch einmal eine typische Geschichte über Ihr Verhältnis zu Ferenczy.

LV: Da gab es einen Chefredakteur, der für mich sehr wichtig war. Er hieß Gert Braun, war lange Zeit der Chef von »Bravo« und dann der von »Quick«. Ich weiß noch, wie ich unter geheimnistuerischen Umständen zu Ferenczy gebeten wurde. Mir wurde gar nicht gesagt, was los ist, warum ich dann kommen sollte. Ich habe das auch nicht gefragt. Als ich ankam, wurde mir Braun präsentiert; ein schöner und kluger Mann. Da wurde mir dann unter dem Siegel strengster Verschwiegenheit klargemacht, daß er der nächste Chefredakteur der »Quick« sei. Wir sollten jetzt schon einmal das Wichtige, Grundsätzliche miteinander besprechen. So haben wir eine Stunde zusammengesessen und uns kennengelernt. Als er tatsächlich installiert war, war für mich schon alles gelaufen. Ich mußte mich gar nicht mehr aufregen, daß es da einen neuen Chefredakteur gab. So war das Leben mit Ferenczy.

FERENCZY VERLAG A.G. ZÜRICH

ZÜRICH, RÄMISTRASSE 5 · POSTFACH · 8024 ZÜRICH · TELEFON 251 60 54 · TELEX: 816534 fere ch

V E R T R A G

Der Ferenczy Verlag AG. Zürich, Rämistrasse 5, 8024 Zürich - nachstehend kurz Verlag genannt - einerseits

und

nachstehend kurz Autor/Autorin genannt - andererseits schliessen hiermit für sich und ihre Rechtsnachfolger nachstehenden Vertrag:

1.

Der Verlag übernimmt vom Datum der Unterzeichnung dieses Vertrages an die alleinige literarische und geschäftliche Betreuung des Autors/der Autorin hinsichtlich seiner/ihrer gesamten literarischen Tätigkeit, und zwar weltweit (Buch- und Zeitschriftenromane, Berichte, Reportagen, Serien, Filmstoffe, Drehbücher usw).

2.

Der Autor/die Autorin überträgt alle Urheberrechte an den von ihm/ihr während der Dauer der Gültigkeit dieses Vertrages verfassten literarischen Werke einschliesslich aller Nebenrechte für alle heute bekannten oder noch nicht bekannten Auswertungsarten an den Verlag, der diese Uebertragung hiermit annimmt. Allein der Verlag ist berechtigt, die Urheberrechte der Werke, die unter diesen Vertrag fallen, gewerblich zu verwerten, und zwar in allen Sprachen und allen Ländern der Welt. Nur der Verlag als Inhaber der Urheberrechte samt allen Nebenrechten darf diese Rechte anbieten und auswerten, gleichgültig, ob es sich um die Erstauswertung oder Folgeauswertungen (Nachabdrucke, Nachfolgeausstrahlungen usw) handelt.

- Seite 2 -

3.

Der Verlag verpflichtet sich, die literarische Arbeit des Autors/der Autorin nach besten Kräften zu fördern und die dem Verlag übertragenen Urheberrechte zu den bestmöglichen Bedingungen zu verwerten. Der Autor/die Autorin hält den Verlag über alle literarischen Pläne und Vorhaben auf dem laufenden und informiert den Verlag sogleich, falls sich Dritte (Verlage, Redaktionen, Agenten usw) eventuell direkt mit Vorschlägen oder Anfragen an den Autor/die Autorin wenden, damit der Verlag die Angelegenheit übernehmen und gegebenenfalls eine entsprechende Vereinbarung abschliessen kann.

4.

Der Verlag orientiert den Autor/die Autorin laufend über alle getroffenen Vereinbarungen und Verwertungen der übertragenen Urheberrechte. Verträge, die über einen Erstabdruck in deutscher Sprache, über eine reguläre Buchausgabe in deutscher Sprache oder über eine Verfilmung in irgendeiner Sprache abgeschlossen werden sollen, werden mit dem Autor/der Autorin jeweils abgesprochen und ihm/ihr wird vom Verlag eine Kopie der betreffenden Verträge nach Unterzeichnung zugestellt.

5.

Der Autor/die Autorin erhält vom Verlag eine genaue Abrechnung über alle aus der Verwertung der übertragenen Urheberrechte eingegangenen Geldbeträge. Die Abrechnungen gelten als anerkannt, wenn der Autor/die Autorin nicht innerhalb von zwei Monaten nach Absendung der jeweiligen Abrechnung Einspruch erhoben hat.

6.

Von den Erträgnissen, die aufgrund dieses Vertrages aus den übertragenen Urheberrechten bei dem Verlag eingehen, erhält der Autor/die Autorin folgende Anteile:

75% bei Erstabdrucken in Zeitungen und Zeitschriften in deutscher Sprache;

60% bei Nachabdrucken in Zeitungen und Zeitschriften in deutscher Sprache und bei Abdrucken jeder Art in Zeitungen und Zeitschriften in allen anderen Sprachen;

- Seite 3 -

75% bei Buchausgaben jeder Art in allen Sprachen;
70% bei Verwertung von Film-, Fernseh- und Radiorechten, von Drehbüchern oder von Filmstoffen, in allen Sprachen;
75% bei Verwertung aller anderen Rechte.

Der Rest der eingehenden Erträgnisse steht dem Verlag zu.
Die dem Autor/der Autorin zustehenden Beträge werden ihm vom Verlag nach Eingang ausbezahlt.
Durch diesen Vertrag wird keine gesellschaftsrechtliche Bindung zwischen den Vertragsparteien hergestellt. Keine Vertragspartei übernimmt irgendwelche Pflichten in bezug auf persönliche Steuern, die der andere Vertragspartner zu entrichten hat. Sofern und soweit Beträge, die dem Verlag zufliessen, im Inland oder Ausland mit Steuern belastet sind, die im Abzugswege einbehalten werden, ist der Anteil des Autors/der Autorin von dem tatsächlich eingehenden Nettoertrag zu errechnen.

7.

Die Gültigkeit dieses Vertrages beginnt mit dem Datum der Unterzeichnung und dauert fest drei Jahre. Die Gültigkeit des Vertrages verlängert sich automatisch nach jedem Ablauf um ein weiteres Jahr, sofern der Vertrag nicht unter Einhaltung einer dreimonatigen Frist vor dem Ablauftermin gekündigt wird.
Die Dauer der Gültigkeit der vom Verlag abzuschliessenden Verträge über Verwertungen von übertragenen Urheberrechten ist jedoch durch die Laufzeit dieses Vertrages zeitlich nicht begrenzt. Die bei einer Auflösung dieses Vertrages eventuell noch nicht oder noch nicht vollständig abgewickelten, aber bereits vereinbarten Verwertungen von Werken des Autors/der Autorin sind bis zur Auflösung des betreffenden Verwertungsvertrages entsprechend den Bedingungen des heutigen Vertrages durch den Verlag zu erfüllen.
Soweit der Autor/die Autorin durch diesen Vertrag Urheberrechte auf den Verlag übertragen hat, diese Urheberrechte jedoch vom Verlag während der Gültigkeit dieses Vertrages noch nicht verwertet worden sind, ist über die etwaige Rückübertragung der Urheberrechte im ganzen oder von einzelnen Auswertungsrechten bei Beendigung des Vertrages von Fall zu Fall eine Regelung zu treffen. Ein Anspruch

- Seite 4 -

auf Rückübertragung von bereits auf den Verlag übertragenen Urheberrechten besteht generell aufgrund dieses Vertrages nicht. Der Autor/die Autorin kann jedoch eine angemessene Regelung bei Auflösung dieses Vertrages verlangen, wenn er/sie in bezug auf ein bestimmtes Werk, welches unter diesen Vertrag fällt, bis zur Beendigung dieses Vertrages eine angemessene Gegenleistung für seine/ihre eigene schöpferische Arbeit nicht erhalten hat.

8.

Der Autor/die Autorin steht dafür ein, dass er/sie allein berechtigt ist, über die Urheberrechte zu verfügen, die den Gegenstand dieses Vertrages bilden bzw. bilden werden. Sollten Drittpersonen Ansprüche an diesen Urheberrechten zustehen, verpflichtet sich der Autor / die Autorin, diese Ansprüche von sich aus abzugelten, ohne dass der Verlag hierdurch irgendwie belastet wird.

9.

Gerichtsstand und Erfüllungsort für diesen Vertrag ist der Sitz des Verlages, Zürich. Aenderungen und Ergänzungen dieses Vertrages bedürfen der Schriftform (Unterzeichnung eines Schriftstückes durch beide Parteien bzw. Austausch von Bestätigung und Gegenbestätigung).

Zürich, den

FERENCZY VERLAG AG. ZUERICH — Der Autor/die Autorin

Marlys Moser

6. KAPITEL

Prophet ohne Lizenz

Was die Menschen besonders fasziniert, sind Vielfachbegabungen. Daß einer Gedichte schreiben kann, ist ja sehr schön. Es wird auch anerkannt, wenn jemand ein erfolgreicher Manager ist und, sagen wir, die Motorradsparte einer bekannten Automobilfabrik zu aller Zufriedenheit leitet. Wenn der Motorradmensch aber auch Gedichte schriebe, die Menschen über zwanzig einigermaßen ernst nehmen könnten und die von der »Frankfurter Allgemeinen«, auf der zweiten Seite des Feuilletons, links oben bei der täglichen Rezension, gar gelobt würden, dann wäre er ein Star. Man könnte ihn nicht nur auf Podiumsdiskussionen zur Arbeitszeitverkürzung in der Automobilindustrie oder zur Zukunft des Flächentarifvertrags schicken, sondern auch zu jenen geistigeren Anlässen, bei denen es um die europäische Identität, den Elitebegriff im Bildungswesen oder die Bedeutung Heinrich Heines für ein demokratisches Deutschland geht, kurz zu jenen Anlässen, zu denen sonst nur Ralf Dahrendorf, Kurt Biedenkopf, ein katholischer Priester, eine Frau (zumeist Gertrud

Höhler) und der Verfasser dieser Studie eingeladen werden. Der Mann – ich spreche von jenem völlig hypothetischen Motorradmanager – wäre eine täglich angefragte Zugnummer, ein »Medienmannequin« (Ferenczy).

Ferenczy ist übrigens kein Medienmannequin. Er macht Medienmannequins; eines seiner Medienmannequins war zum Beispiel Heinz Dürr, der sowohl bei der AEG als auch bei der Bundesbahn, vor allem aber im gehobenen Showgeschäft unserer Diskurs- und Spektakelwelt tätig war, und das mit großem Erfolg. Aber Ferenczy ist eine Vielfachbegabung. Er hat nämlich zum einen eine Vernunft mit gesunden Zähnen und solidem Magen. Niemand kann bestreiten, daß er in höchst prosaischen Geschäften – also beispielsweise bei der Vermarktung von Karstadt, der Vermittlung von Unterhaltungsromanen und der Organisierung ungarischer Kontakte – professionell und erfolgreich ist und gutes Geld verdient.

Unbestreitbarerweise aber ist das nur *ein* Teil seines Lebens. Plötzlich sieht man ihn in der »Welt am Sonntag« in einer Generalsuniform und vernimmt, daß er zum Brigadegeneral der ungarischen Honvéd-Armee ernannt worden sei. Wie denn das? An anderer Stelle sieht man ihn Gorbatschow die Hand drücken, mit der Bundestagspräsidentin eine Europa-Diskussion eröffnen und hört die Nachricht, daß er sich erneut um die Gründung eines SOS-Kinderdorfes verdient gemacht habe. Kenner erinnern sich dann an Ferenczys Bemerkung, er sei ein »Prophet ohne Lizenz«. Das meint genau jene überschießenden Talente, die man schon bei dem jungen Filmproduzenten, Schreibmaschinenhändler und Werbeagenturbesitzer der vierziger Jahre feststellen konnte. Den Täter Ferenczy hält es nicht bei seinen Geschäften, und obwohl seine politischen, karitativen oder einfach menschlichen Aktivitäten gelegentlich zum Geschäft beitragen, wäre er gänzlich mißverstanden, wenn man ihn nur für einen Rastelli hielte, der auf unterschiedlichen Bühnen für seinen Gewinn arbeitete. Nein, in Josef von Ferenczy steckt immer noch der Pionier von Pestszentlörinc. Er will gelegentlich die Welt retten, wenn er auch mit achtundsiebzig von Altersmelancholie nicht mehr ganz frei ist und gelegentlich den Eindruck macht, als beobachte er seine eigenen rastlosen Telefonaktionen mit einer Prise Fatalismus.

Ganz von fern erinnert Josef von Ferenczy gelegentlich an den Dr. Arnheim, eine Hauptfigur in dem für die meisten Abhandlungen über interessante Leute und wichtige Dinge unentbehrlichen und schon zitierten Roman »Der Mann ohne Eigenschaften« von Robert Musil. Er wird dort als jemand geschildert, der mit jedem in seiner Sprache reden konnte. Und die Hauptfigur des Romans, Ulrich, sagt über Arnheim: »Das ist übrigens schon kein Geist mehr, das ist ein Phänomen wie ein Regenbogen, den man beim Fuß fassen und ganz richtig betasten kann. Er spricht von Liebe und Wirtschaft, von Chemie und Kajakfahren, er ist ein Gelehrter, ein Gutsbesitzer und ein

Börsenmann, mit einem Wort, was wir alle getrennt sind, das ist er in einer Person, und da staunen wir eben.« Beschreibt das nicht ganz gut auch Josef von Ferenczy?

Natürlich ist er kein Arnheim. Der ist eine Maske für Walter Rathenau. Arnheim-Rathenau war ein Nabob, Ferenczy ist ein Mittelständler. Arnheim war ein (etwas verstiegener) Intellektueller, Ferenczy ist ein listiger Prophet. Vor allem war Arnheim Preuße, Ferenczy ist Kakanier. Es gibt viele Unterschiede. Aber die schöne Charakterisierung Ulrichs – »was wir alle getrennt sind, das ist er in einer Person« – trifft auch auf Josef von Ferenczy zu, der eben keineswegs nur ein Medienmanager ist. Er hat, wie gesagt, viele Ichs.

Oder wie wäre es sonst zu erklären, daß er 1977 plötzlich Botschafter Maltas bei der Europäischen Gemeinschaft wurde, und zwar nicht als Schmalspurdiplomat, sondern als »Full Wing Ambassador« mit allen Privilegien eines Angehörigen des Corps Diplomatique, juristischer Immunität, Diplomatenpaß, CD-Schild am Wagen, Zollfreiheit und Befreiung von der Steuer im Gastland? Man muß sich das vorstellen: Ferenczy sprach weder maltesisch noch englisch. Er verhandelte mit Dolmetscher. Im siebzehnten Jahrhundert war so etwas üblich gewesen. Da schickten die Briten oder die Niederländer florentinische Kaufleute durch die Welt. Aber 1977? Natürlich, auch hier war das Motiv zuerst einmal sozusagen seriös – wenn man vom Standpunkt der Berufsmenschen sprechen wollte, der Nüchternen, Stocknüchternen. Ferenczy spekulierte natürlich immer noch auf privates Fernsehen. Damit war er in Deutschland und in Österreich gescheitert. Jetzt liebäugelte er mit einer »Medienzentrale Malta«. Konnte man nicht von Malta aus große Fernsehmärkte, zum Beispiel den deutschen bestrahlen? Ein einleuchtender Gedanke. Und Dom Mintoff, der listige, skrupellose, nun wirklich levantinische, formell sozialdemokratische, in Wirklichkeit weltanschaulich vollständig ungebundene maltesische Premier, schien ein günstiger Partner. Der hatte in Malta mehr zu sagen als Alfons Goppel in Bayern und scherte sich um die Vorliebe der Sozialdemokraten fürs Öffentlich-Rechtliche keinen Deut.

Aber warum ging Ferenczy fünf Schritte weiter und wurde maltesischer Diplomat? Warum veranstaltete er »Frühschoppen für die Freunde Maltas« (für die er von Hans-Dietrich Genscher über Willy Brandt und Bruno Kreisky bis zu Alfred Dregger Politiker aller Richtungen gewann), stürzte sich in die Assoziationsverhandlungen mit der EG und besorgte raffinierte Rechtsgutachten zu den Möglichkeiten der Änderung des maltesischen Steuerrechts zum Zweck der Verbesserung der maltesischen Wirtschaft und der Lage auf dem Arbeitsmarkt? Es gibt köstliche Briefwechsel zwischen Ferenczy und dem österreichischen Bundeskanzler Kreisky, wo der in elegant verhüllter Weise vor »meinem Freund Dom Mintoff« warnt: »Ich empfehle in der Angelegenheit des Geschäftsverkehrs mit Malta sehr vorsichtig zu sein.« Stach Ferenczy der Hafer? Nein. Ihn trieb jener geheimnisvolle

Instinkt, der Zugvögeln klarmacht, daß sie zu einer bestimmten Jahreszeit nach Marokko fliegen müssen. Dort würde es wärmer sein. Wenn Ferenczy in sein Seelen-Marokko will, läßt er sich von nichts und niemandem aufhalten. »Wenn sich mein Mann ein Ziel gesetzt hat«, sagt Katharina von Ferenczy mit einem resignierten Lächeln, »muß man ihn lassen, auch wenn es sehr teuer wird.« (Als Botschafter Maltas zahlte er sich seine Charterflüge nach Brüssel selber.)

Lange dauerte sein Engagement nicht, nur ein gutes Jahr. Im Sommer 1978 kam es zu Spannungen zwischen dem impulsiven Premier und seinem Botschafter. Mintoff hatte die Tonart gegenüber den Europäern verschärft und warf ihnen vor, sie hätten auf Maltas Bemühungen, sich von der Nato zu lösen und seine Wirtschaft neu zu orientieren, nur mit »Arroganz« geantwortet. Er begann mit dem Libyer Gaddhafi zu liebäugeln. Ferenczy stieg aus. Diese Art von Originalität hielt er für übertrieben.

Schon acht Jahre später aber war er zurück auf dem politischen Parkett. Der Konservative trieb das, was die (deutschen) Konservativen als »Nebenaußenpolitik« kritisierten. Er hatte sich einerseits von Kreisky bei dessen Nachfolger Fred Sinowatz einführen lassen. Andererseits hatte der Anti-Kommunist Ferenczy seine Fühler vorsichtig zu den ungarischen Kommunisten ausgestreckt; sein ständiger Gesprächspartner war János Berecz vom Politbüro der ungarischen KP. Es war die Zeit, die Egon Bahr als die »zweite Phase der Entspannungspolitik« bezeichnete. Auf eng-

Als Botschafter Maltas, 1978. Die Änderungen des maltesischen Steuerrechts zum Zweck der Verbesserung der maltesischen Wirtschaft.

lischen, deutschen und österreichischen Straßen demonstrierte die Friedensbewegung. Die Amerikaner bemühten sich, die Russen totzurüsten. Gorbatschow praktizierte Glasnost und dilettierte mit einer Perestroika, die weder Fisch noch Fleisch war. In dieser Situation, also 1985, lud Ferenczy, nun ganz Impresario, zwei kommunistische Kultusminister und zwei westeuropäische Sozialdemokraten zu einer dreitägigen Tour d'horizon in ein früheres Stadtpalais des Fürsten Schwarzenberg nahe dem Belvedere-Park in Wien. Unter der Leitung zweier Intellektueller, des Ungarn Iván Boldizsár und des Wahlschweizers François Bondy, debattierten die ungleichen Partner über die Wiedergewinnung des Mitteleuropa-Begriffes, die Gefährdung der europäischen Kultur, die Unterdrückung von Meinungsfreiheit und Toleranz im sogenannten Ostblock, die Abrüstung, den Eurozentrismus, die Einebnung der Mentalitätsgeschichte der europäischen Kulturen durch die (damaligen) Supermächte und viele ähnlich preziöse Themen. Um nicht in die Messer derer zu laufen, die jede Diskussion dieser Art für Verrat hielten, erfand der Medienmanager einen dialektischen Titel: »Dialog der Gegensätze«.

Ich weiß genau, was da ablief; denn ich war einer der vier Gesprächspartner. Am Tisch saßen noch der österreichische Bundeskanzler Sinowatz, der hochgebildete, in seiner Partei aber machtlose ungarische Kultusminister Béla Köpeczi sowie Hans-Joachim Hoffmann, ein solider deutscher Kommunist, der so liberal war, wie man ihn sein ließ, im übrigen aber nicht allzuviel Phantasie hatte. Eine seltsame Atmosphäre: Wir saßen in stillen, kleinen, mit barocken Möbeln ausgestatteten Sälen des alten Palais, das inzwischen zu einem Luxushotel geworden war. Nur die Kameras surrten. Ferenczy saß vollkommen stumm am Tisch. Er hatte nur alles arrangiert, alles bezahlt. Wenn sich in den Gesprächspausen die Türen öffneten, stürzten fünfzig (von Ferenczy handverlesene) Journalisten und Fotografen auf uns zu und verfolgten uns in die Kaffeepause oder auf kleinen Gängen auf den verschlungenen Pfaden des wunderbaren Gartens. Zum Schluß gab es ein rauschendes Fest, bei dem halb Österreich anwesend war. Der würdigste und umstrittenste Ehrengast war Kurt Waldheim. Das Protokoll erschien als Buch auf deutsch und ungarisch. Und natürlich plazierte Ferenczy Hunderte von Artikeln, die er dann in einem Band zusammenstellen und Hunderten von Prominenten in ganz Europa zustellen ließ.

Nach dem Geschichtsbruch von 1989 werden manche Anbiederung wittern. Immerhin schrieb das österreichische Nachrichtenmagazin »Profil«: »Diese Gespräche sind aus mehreren Gründen bemerkenswert. Erstens weil sie im gegenwärtigen Klima der politischen Polarisierung überhaupt stattgefunden haben. Zweitens weil es wirkliche Gespräche waren, in denen einer dem anderen zuhörte. Drittens weil die beiden ›westlichen‹ Gesprächspartner dennoch in keinem Augenblick ihre Position verrieten, um ein schwammiges Einverständnis zu erzielen: Sie arbeiteten im

JOSEF VON FERENCZY
FERENCZY MEDIA

PORTENLÄNGER STRASSE 37
8022 GRÜNWALD
TELEFON 089/641640
TELEFAX 089/64164147

Entwurf einer Plattform

E U R O P A D I A L O G   1992

Eine Bonner Initiative von FERENCZY MEDIA

Das Problem

Europa befindet sich seit der mitteleuropäischen Revolution von 1989 in rasend schneller Entwicklung. Die Sowjetunion und Jugoslawien verfallen, die Nationalitäten- und Volksgruppen Ost- und Mitteleuropas retten sich in einen neuen Nationalismus und auch im Westen unseres Kontinents entstehen Rückstosseffekte :
Basken, Schotten, Lombarden oder Südtiroler entwickeln ein neues Selbstbewusstsein, das Konzept des Nationalstaats erlebt eine Aufwertung und die Entwicklung der Europäischen Gemeinschaft zu einer Politischen Union findet unerwartete Widerstände. Kurz : Eine Lage, in der im Dialog der grossen geistigen Strömungen Europas neue Ideen und neue Lösungsvorschläge erarbeitet werden müssen.

Die Rolle der Medien

Moderne Medien sind nicht nur reaktiv - Spiegel von Ereignissen. Sie sind auf Vermittlung aus; auf Gesprächsanregung, Zeit - Gespräch, dialogische Bewegung. Ihre Aufgabe umfasst auch das Management sozialer Zeit - Kommunikation.
FERENCZY MEDIA -mit Erfahrungen in den unterschiedlichsten Sparten des Journalismus, von der Politik über die Unterhaltungskommunikation bis zur Wirtschaftsberichterstattung- organisiert zeitgemässe Kontroversen. Unser Beitrag zum Zeitgeschehen : Wir stellen Sprech-Säle zur Verfügung, z.B. Europadialoge wie den "Dialog der Gegensätze" von 1985,

eine grosse Debatte zwischen westeuropäischen Sozialdemokraten und mitteleuropäischen Kommunisten um den (damaligen) österreichischen Bundeskanzler.

Der Ort

Bonn bleibt die Chiffre für die zweite Republik. Es wird nicht nur das Verwaltungszentrum weiterwirken, sondern es bleibt ein symbolischer Ort für die Westbindung und die Ostpolitik der Deutschen. Bonn als Ausgangspunkt deutscher Politik : Ein Schauplatz der Dialoge, die unausweichlich sind.

Europadialog 1992

1992 geht es um die Kohäsion des Westens, die Neuorganisation der Mitte und die Rettung des Ostens Europas. Wichtige Themen sind z.B. :

1. Zurück nach Versailles und Trianon ?
   Minderheiten- und Volksgruppenrechte im Europa der neunziger Jahre
2. Supranationalität
   Über die Zukunft föderaler Strukturen im Europa der neunziger Jahre
3. Die Drift nach Westen
   Die Zuwanderung von Ost nach West als Problem der Europäischen Gemeinschaft
4. Sicherheit für alle in einem multipolaren Europa -
   oder : Nato, WEU und KSZE in einem neuen Regime.

Organisation

Der Europadialog wird von einem überparteilichen Kuratorium unabhängiger Persönlichkeiten koordiniert. Dem Land Nordrhein-Westfalen und der Stadt Bonn sind in diesem Kuratorium Sitze vorbehalten. Eine Schirmherrschaft des Bundespräsidenten wird angestrebt.
Der Europadialog beginnt seine Tätigkeit im Frühjahr 1992.

Gründung des »Europa-Dialog Bonn«, 1992. Mancher mag vermuten, daß der Europa-Dialog eine »Parallelaktion« sei.

Gegenteil besonders klar heraus, warum für sie die in Westeuropa geübte Form der Demokratie unverzichtbar ist. Einig war man nur darüber, daß auch über diese fundamentalen Gegensätze hinweg ein Dialog geführt werden müsse und daß er in manchen Bereichen, etwa der Ökonomie und der Ökologie, auch fruchtbar sein kann. Das Verdienst, daß ein solches Gespräch überhaupt zustande kam, trifft den schillernden Medien-Multi Josef von Ferenczy.«

Ein Medien-Multi war er nicht. Eher ein ungebetener Interpellant, ein Wanderer zwischen seinen zwei Heimaten. Ich beschaffte ihm für die beiden Versionen der Bücher ein Vorwort von Willy Brandt. Das akzeptierte er ohne jede Änderung; nur einen Wunsch sollte ich Brandt übermitteln. Dessen Satz »Die flache Europakarte an der Wand wird wieder zum Relief« sollte noch eingebaut werden. Brandt machte mit. Das war wohl die tiefste Sehnsucht des ungarischen Herrn aus Kecskemét: daß eine Entwicklung kommen möge, in der Ungarn wieder Ungarn sein sollte und nicht »Ostblock«. Diese Chance kam 1989.

Die Konsequenz, die Ferenczy aus seinem »Dialog der Gegensätze« zog, war dann typisch für seinen Glauben an die Organisierbarkeit der Welt. Eine Bewegung müsse her, schrieb er an zahllose Leute. Er nannte sie »Europa-Dialog«. Überall müßten Vereine gegründet werden, die die Debatte aus dem »Dialog der Gegensätze« weiterführen sollten. Ein paar Jahre versuchte er vergeblich, mit einer Flut von Briefen den Nachfolger von Fred Sinowatz im Amt des österreichischen Bundeskanzlers, Franz Vranitzky, dafür zu gewinnen, für diesen »Europa-Dialog« in Wien eine Schaltstelle einzurichten. Vranitzky wollte schon; die österreichische Diplomatie aber nicht. Schließlich nach der Wende und nach der Entscheidung des Bundestages, die deutsche Hauptstadt von Bonn nach Berlin zu verlegen, riet Brandt Ferenczy, diese Schaltstelle in Bonn zu installieren. Das geschah 1992. Das Land Nordrhein-Westfalen und die Stadt spielten mit. Ferenczy schrieb an zwanzig europäische Ministerpräsidenten und bekam würdige Antwortbriefe, die er in würdigen Schubern wiederum versandte.

Aktionsfähig wurde – bisher – nur der deutsche Verein, für dessen Vorsitz er die Bundestagspräsidentin Rita Süssmuth gewann. Dieser deutsche »Europa-Dialog« veranstaltete ein paar sichtbare Auseinandersetzungen, etwa zwischen den Präsidenten Sloweniens und Makedoniens, Milan Kuczan und Kiro Gligorov. Natürlich belächeln die Profis solche Gesprächsnetze. Sie sind ihnen zu wenig operativ. Aber die Bilderberg-Konferenzen – deren Bedeutung der »Europa-Dialog« allerdings nie auch nur annähernd erreicht hat – haben gelegentlich mehr bewirkt als fünf Ministerratskonferenzen der Europäischen Union und sechs Weltwirtschaftsgipfel zusammen. Die Idee ist schon richtig. Sie verlangt nur ein paar Impresarios vom Typ Ferenczys an verschiedenen Punkten Europas. Die scheint es nicht zu geben.

Wer in die Breite wirken will, darf sich im übrigen

vor den einfachen, sozusagen großen Gefühlen nicht fürchten. Solche Furchtlosigkeit hat Ferenczy im Unterhaltungsgeschäft natürlich gelernt. Sie war ihm aber auch bei Tätigkeiten nützlich, die man im Deutschen mit dem schwer übersetzbaren Wort »Gemeinwesenarbeit« bezeichnet. Ein gutes Beispiel sind Ferenczys Beziehungen zur internationalen SOS-Kinderdörfer-Bewegung. Da haben sich die Profis auch mokiert. Als er damit anfing, 1981, wieder bei einem ganz seriösen Auftrag (von dem schon die Rede war), kommentierte das »Manager«-Magazin Ferenczys Idee, das kalte Image eines Kaufhauskonzerns durch die Stiftung eines SOS-Kinderdorfs zu überglänzen, maliziös. Es ging um den hundertsten Geburtstag des Karstadt-Konzerns 1981. Das »Manager«-Magazin schrieb: »Folglich mußte eine Geburtstagsaktion fürs Herz her. Ferenczy und Karstadts Kommunikationsdirektor Ulrich Tendt überzeugten Deuss (den damaligen Vorstandsvorsitzenden Walter Deuss), ein drei Millionen Mark teures SOS-Kinderdorf in Rio de Janeiro zu stiften. Ferenczy organisierte Grundsteinlegung und Eröffnungsfeier: Stars wie Catarina Valente, Desirée Nosbusch und Gunter Gabriel machten sie zum Medienereignis. In Millionenauflagen mehrten Ferenczys Autoren nicht nur den Ruhm der gratis auftretenden Künstler, sondern ließen auch den spendablen, kinderfreundlichen Kaufhaus-Konzern in mildem Licht glänzen.«

Nebbich. Natürlich bleibt ein Kaufhaus-Konzern ein Kaufhaus-Konzern, auch wenn er ein SOS-Kinderdorf stiftet. Aber ist es nicht besser, daß drei Millionen Mark dafür ausgegeben werden, daß irgendwo auf der Welt, zum Beispiel in Rio de Janeiro, wo Straßenkinder oft genug schlicht abgeknallt werden, Kinder eine Art Ersatzfamilie bekommen, als daß derselbe Betrag für ein Feuerwerk, ein Gala-Dinner und eine Festschrift verpulvert wird? Es ist Ferenczy immer wieder so gegangen: Man hat ihm die Schickeria übelgenommen, die er sozusagen als Schnittlauch über das Hauptgericht streute. Gut, als es ihm 1986 gelang, das erste Kinderdorf im kommunistischen Machtbereich, in seinem Heimatland Ungarn, in Battonya, durchzusetzen, flog er zur Eröffnung (auf seine Kosten) den »wahren Jet-Set« (so mehrere Zeitungen) ein: die deutschen Prinzessinnen Brigitta von Hohenzollern und Elisabeth von Sachsen-Weimar, Fürstin Mani Sayn-Wittgenstein aus Salzburg, als »TV-Stars« Dr. Antje Kühnemann aus München und Petra Schürmann, die Sternguckerin Elisabeth Tessier, Otto Wolff von Amerongen und wer weiß noch wen. Es gab Krautwickel, Kalbspörkölt, Käse und Petits fours. Darüber kann man lange lästern. Bloß gelang es Ferenczy, dafür zu sorgen, daß vierzehn Millionen Schilling Baukosten aufgebracht wurden; unter anderem durch ein Benefizkonzert der Rockröhre Bonny Tyler. Und beim Kalbspörkölt vergnügten sich drei Außenminister: der Deutsche Genscher, der Ungar Várkonyi, der Österreicher Jankowitsch. Das Zusammentreffen eines Westlers, eines Ostblockmannes und eines Neutralen war im Jahr 1986 noch ein Mehrwert an sich.

Später hat Ferenczy übrigens auch noch in seiner Heimatstadt Kecskemét ein SOS-Kinderdorf durchgesetzt. Warum rümpft man über ein saftiges, kalorienreiches, flachsenloses Stück Fleisch die Nase, nur weil einem der Schnittlauch nicht gefällt? Das allerdings hat Ferenczy nie verstanden.

Er hat – auch als Prophet ohne Lizenz – immer Pakete zu schnüren gesucht. Das Ernste, vielleicht Notwendige, jedenfalls Anerkannte kombinierte er mit dem Leichten, Verkäuflichen. Ein wunderbares Beispiel ist dafür seine »edition Ferenczy bei Bruckmann«, die er 1990 gründete. Da finden sich hergebrachte Politikerbücher – zum Beispiel vom Fraktionsvorsitzenden der CSU im Bayerischen Landtag, dem ökologischen Konservativen Alois Glück, oder der bayerischen SPD-Vorsitzenden Renate Schmidt. Ganz klassisch: Auf dem Cover Kopf und Name. Direkt daneben aber werden Bände über Siegfried und Roy vorgestellt, »Der Zauber ihrer Show in Las Vegas«; die beiden Burschen sind mit zwei süßen kleinen Tigern abgebildet. Die erste Autobiographie der Prinzessin Soraya (»Palast der Einsamkeit«) steht neben »provokativen Zwischenrufen eines deutsch-jüdischen Patrioten«: Michael Wolffsohn hat ein Buch zum Thema »Verwirrtes Deutschland?« in dieser Reihe publiziert. Der Bestseller: die Geschichte der Heilung der alten Ferenczy-Autorin Denise de Boer vom Krebs. Eigentlich kann man so ein Buch überhaupt nicht verkaufen. Ferenczy aber erfand der Autorin den Titel, mit dem inzwischen etwa zehntausend Exemplare über den Ladentisch gingen: »Ich lebe und ich liebe«. So hat er immer wieder das Sperrige mit dem Leichten finanziert und das Leichte damit legitimiert, daß er auch Sperriges machte, so das versponnene, entblößende, radikale Dalí-Buch von 1968 (aufgezeichnet von Louis Pauwels).

Dabei darf man sich Ferenczy nicht als eine gespaltene Figur vorstellen, als einen Zyniker, der abgeschmackte Serien produziert, um im übrigen als Prophet wirken zu können. In der Populärkultur ist man nicht erfolgreich, wenn man die Instinkte der Leute verachtet. Ferenczy verachtet das Niedere nicht. Er legt den gleichen heiligen Eifer an den Tag, ob er ein Fest arrangiert, eine politische Idee lanciert, eine Serie über das monegassische Fürstenhaus in Auftrag gibt oder (Genscher zuliebe) die FDP zu retten versucht. Wie man bei ihm nicht zwischen Arbeit und Freizeit unterscheiden kann, so auch nicht zwischen dem Idealischen und dem Praktischen. Er ist ein Gesamtkunstwerk.

Nur deswegen gelingt es ihm übrigens, von Showstars und Vorstandsvorsitzenden, Serienschreibern und Spitzenpolitikern, Herzoginnen und Chefredakteuren gleichzeitig akzeptiert zu werden. Brandt war ein scheuer Mensch, ein Herr, beherrscht, hochprofessionell, aber empfindsam und einsam. Seine in der Regel vorzüglichen Büroleiter – zu meiner Zeit Thomas Mirow, heute Mitglied des Hamburger Senats, und Karl-Heinz Klär, heute Staatssekretär der rheinland-pfälzischen Landesregierung – mußten ihn abschirmen. Natürlich betrachtete er Ferenczy als bunten Vogel. Natürlich verstand er ebensowenig wie Genscher immer genau, was der elegante Gast von ihm wollte. Aber es machte ihm Spaß, mit Ferenczy zu reden. Er begrenzte solche Gespräche und ließ sich auf nichts festlegen. Festlegen ließ sich Brandt sowieso nicht gern. Aber er gab ihm schließlich seine Erinnerungen zur Vermarktung.

Das entscheidende Gespräch fand in meiner Wohnung statt. Ferenczy hatte zur Vorbereitung nur zwei Elemente präsentiert, eine Ziffer und das Wort »Gesamtbetreuung«. Nach einem Aperitif verschwanden Ferenczy und Brigitte Brandt zu meinem Eßtisch, der in einer Ecke hinter dem Kamin stand. Der Vorsitzende und ich redeten über das Wetter oder die vorletzte Intrige in der SPD. Die geschäftlichen Verhandlungen der beiden waren rasch beendet. Und Brandt hat den kleinen Aufruhr in der SPD, den es gab, als bekannt wurde, daß das Buch bei Ullstein erscheinen würde, mit einer barschen Handbewegung vom Tisch gewischt. Er habe in seinem langen Leben, angefangen bei seinem Kampf gegen die Nazis und der Emigration, bewiesen, daß er links genug sei. Er könne es sich leisten, auch bei einem konservativen Verlag verlegt zu werden. Damit war das Thema vom Tisch.

Mit Kreisky war das Verhältnis fast noch besser. Kreisky hatte als Wiener noch mehr Sinn für das Farbige als der Lübecker Brandt; im Zweifelsfall sagte ihm auch der Name Ida von Ferenczy etwas. Kreiskys

Urteil über Ferenczy: »Sieht aus wie ein Operettenbonvivant, und nachher stimmt alles.« Und auch Strauß, den Ferenczy wie gesagt gelegentlich gut hörbar als »bajuwarischen Cowboy« charakterisierte, konspirierte trotz aller Kräche immer wieder mit Ferenczy. Er wußte, daß Ferenczy wußte, daß er ein konzeptioneller Kopf war. Ferenczy hat später übrigens auch immer wieder erkennen lassen, daß er Strauß für einen Solitär hielt, indem er manche seiner Nachfolger mit dem Begriff »Strauß auf Armenrecht« abmalte. Der Täter Ferenczy kam und kommt an die Täter heran.

Einen gewaltigen Schub erhielt seine geistige Unternehmungslust natürlich durch die Wende von 1989. Er hatte schon mit den Kommunisten aus der lustigsten Baracke des Ostblocks, in Budapest, vorsichtige Kontakte aufgebaut. Jetzt, als in seiner alten Heimat die ganze Vielfalt alter und neuer politischer Bewegungen hochkam, ein Chauvinist wie István Csurka auf der einen und sture Altkommunisten auf der anderen Seite, sprudelte er nur so von Ideen. Natürlich begann alles wieder praktisch. Schon Ende 1989 traf er die Vorbereitungen zur Gründung einer Firma namens »Hungaroconsult«, die er gemeinsam mit der ungarischen Außenhandelsbank aufzog; gleichzeitig bemühte er sich um die Lancierung deutscher Magazine (zum Beispiel »Popcorn« und »Mädchen«) in Ungarn und ebnete dem Springer Verlag den Weg zum Kauf von sieben Tageszeitungen. Ferenczy selbst ist an diesen Zeitungen mit siebenein-

Ferenczy und Kreisky, 1979. »Sieht aus wie ein Operetten-bonvivant, und nachher stimmt alles.«

halb Prozent beteiligt. Das alte Konzept: Geistiges Engagement muß materiell fundiert sein. Oder: Man muß hochfliegende Ideen haben, aber gleichzeitig aufpassen, daß man nicht über die Wurzeln am Boden stolpert.

Jetzt wurde er wirklich zum Propheten ohne Lizenz. Die erste große Aktion war ein ungarisch-rumänisches Intellektuellentreffen. Während im siebenbürgischen Neumarkt (Tirgu Mures/Marosvásárhely) blutige Unruhen zwischen der ungarischen Minderheit und rumänischen Nationalisten ausbrachen, saß Ferenczy wieder einmal stumm bei einem von ihm organisierten Dialog. Unter der Schirmherrschaft des damaligen Außenministers Gyula Horn diskutierten fünfzig Intellektuelle aus beiden Ländern, darunter der Romancier György Konrád aus Ungarn und der Lyriker Mircea Dinescu aus Rumänien, die historischen Belastungen und die aktuellen Notwendigkeiten zwischen beiden Staaten. Wie könnte man verhindern, daß faschistoide Organisationen wie die Vatra Romaneasca (Rumänische Wiege) auf der einen und in die Ecke gedrückte ungarische Nationalisten auf der anderen Seite aneinandergerieten? Keine Grenzdebatte, sagten die Intellektuellen. Die Verschiebung von anderthalb Millionen Ungarn in einen fremden Nationalstaat von 1919 ließe sich heute nicht mehr rückgängig machen. Dann forderten sie Minderheitenrechte für die Ungarn, ein muttersprachliches Unterrichtssystem vom Kindergarten bis zur Universität und eine demokratische Charta über Nationalitätenrechte, eine gemeinsame rumänisch-ungarische Stiftung zur Förderung des besseren gegenseitigen Kennenlernens, eine zweisprachige Zeitung, einen gemeinsamen Verlag und manches andere. Miklós Németh, der damalige ungarische Ministerpräsident, zu dem Ferenczy enge Kontakte aufgebaut hatte, bedankte sich überschwenglich bei dem »ungarischen Patrioten« Ferenczy, der nun schon seit vier Jahrzehnten im fernen München residierte.

Die Vorschläge der Intellektuellen wurden keineswegs alle realisiert. Sie hatten aber spürbaren Einfluß auf die Politik vor allem der rumänischen, aber auch der ungarischen Regierung. Das Intellektuellentreffen war vermutlich noch wirkungsvoller als der »Dialog der Gegensätze« aus der Mitte der achtziger Jahre. Das war im März 1990 gewesen. Von da ab pendelte Ferenczy mindestens zweimal monatlich zwischen München und Budapest hin und her. Gyula Horn, der längst zum Sozialdemokraten mutierte ungarische Kommunist, der durch die Entscheidung, deutsche Flüchtlinge aus der DDR über Ungarn in die Bundesrepublik einreisen zu lassen, eine Initialzündung für die deutsche Wiedervereinigung zustande gebracht hatte und heute ungarischer Ministerpräsident ist, nennt Ferenczy »einen der unermüdlichsten Auslands-Ungarn, der nicht nur redet, sondern wirklich etwas tut«. Im November 1994 ernannte er ihn zum persönlich Beauftragten im Range eines außerordentlichen und bevollmächtigten Botschafters. Schon wieder Botschafter.

Er betreibt viele Projekte. Ob aus der ungarischen Biokette etwas wird, die zweitausendsechshundert Landwirten neue Möglichkeiten eröffnen soll, weiß man nicht; und auch der Start einer neuen Jugendzeitschrift, den er angekündigt hat, ist noch nicht erfolgt. Wer täglich viele Ideen entwickelt, kann immer nur einige durchsetzen. Zwei Projekte, politische Projekte, aber sind über die Startphase hinaus. Das ist die Idee eines mehrsprachigen mitteleuropäischen Satellitenkanals (für fünfundzwanzig Länder), Alfa-TV, und der »Freundeskreis Honvéd-Armee und Gesellschaft«. Beide Organisationen atmen den Geist Ferenczys, obwohl er da wie dort nur Ehrenpräsident ist.

Alfa-TV zielt auf vierhundert Millionen Menschen in der mittel- und osteuropäischen Region. Es soll ein »internationaler Sender von kulturellem und wirtschaftlichem Charakter« werden. Die zweiundneunzig ungarischen Persönlichkeiten, die Ferenczy zur Gründung im Jahr 1994 zusammentrommelte, müssen tief von kakanischem Geist durchdrungen gewesen sein, denn sie gründeten eine »Erste Stiftung für Zusammenarbeit in Ost- und Mitteleuropa« und sprechen von einem »Fernsehen der dritten Art«; diese Begriffe könnten wirklich von Musil, Heimito von Doderer oder Josef Roth stammen. Die Idee ist ein »alternatives Fernsehen«, vergleichbar mit den westeuropäischen Sendern »Arte« oder »3sat« – ein »auftraggebendes Fernsehen« mit kleinem Apparat, aber niveauvollen Programmen. Immerhin hat man Alan Fountain, fünfzehn Jahre lang einer der führenden

Programmgestalter von Channel Four in London, für die Entwicklung des Programmkonzepts gewonnen. Am 27. November 1997 hat die ungarische Regierung dem Sender eine Immobilie im Schätzwert von zwanzig Millionen Dollar zur Verfügung gestellt; zwei Millionen Dollar flüssige Mittel (teils von der ungarischen Regierung, teils von der Europäischen Union, teils von ungarischen Firmen und von Privatpersonen) stehen zur Verfügung. Jetzt soll eine Aktiengesellschaft gegründet werden, die das weitere Geld auftreiben und auf die Dauer das Programm finanzieren soll.

Nicht weniger spektakulär ist der »Freundeskreis Honvéd-Armee und Gesellschaft«, mit dem der Deutsch-Ungar oder Ungarn-Deutsche Ferenczy im Grunde versucht, das Prinzip der inneren Führung der Bundeswehr und die (in den fünfziger und sechziger Jahren ja höchst komplizierte und derzeit scheinbar wieder komplizierter werdende) Integration der deutschen Armee in die Gesellschaft auf ungarische Verhältnisse zu übertragen. Der Verband versucht, die Idee der Landesverteidigung mit der Idee der technischen und sozialen Hilfe, die in Deutschland ein Technisches Hilfswerk betreibt, zu kombinieren. Sein zentraler Slogan heißt: Schützen, Zusammenleben, Helfen. De facto ist das der Versuch, die Belastungen der alten, 1848/49 gegründeten Honvéd-Armee, die unter Horthy und in der Zeit der nationalsozialistischen Einflußnahme ebenso entstanden sind wie unter der kommunistischen Herrschaft, abzuschütteln und die Armee dem Volk wieder näherzubringen.

Der Background-Manager Ferenczy hat bei der Konstitution des Verbandes offenbar intelligente Personalpolitik betrieben. Die Eckfiguren sind der Verteidigungsminister György Keleti, eine Führungsfigur aus Horns Sozialistischer Partei, der Vorsitzende des Verteidigungsausschusses des ungarischen Parlaments, Imre Mécs, ein intelligenter linker Freier Demokrat (SZDSZ), und der Stabschef Ferenc Végh, der das »schwarze Schaf« bei den Jungdemokraten, Fidesz, ist und den Rechtsruck dieser Partei nicht mitmacht. Inzwischen ist es dem Verband gelungen, in einundzwanzig ungarischen Städten eigene Freundschaftsgesellschaften zustande zu bringen. Bei der Volksabstimmung über den Beitritt Ungarns zur Nato hat der Freundeskreis eine wichtige Rolle gespielt.

Josef von Ferenczy übrigens ist im Zuge dieses Engagements – der Freundeskreis wurde 1993 gegründet – langsam zum General avanciert. Als er 1948 aus Ungarn floh, war er Hauptmann der Reserve. Die Kommunisten degradierten ihn dann. Nach 1989 wurde diese Degradierung zurückgenommen. Dann beförderte man den ausgewanderten Patrioten Schritt für Schritt; zuerst zum Oberstleutnant, dann zum Oberst, schließlich zum Brigadegeneral der Reserve. Jetzt ist er, wie er selber ironisch sagt, »der einzige General der Welt, der nie geschossen hat«. Die Spötter behaupteten, er habe sich die Uniform, in der er anläßlich seiner Ernennung abgelichtet wurde, bei Huss-

Ferenczy und der ungarische Verteidigungsminister Keleti, 1996. Der einzige General der Welt, der nie geschossen hat.

müller machen lassen. Wer weiß. Und wenn? Ferenczy hat übrigens viele Orden. Wir haben ein Verzeichnis anfertigen lassen. Aber er trägt sie nie.

Es ist schon richtig: Einige der feurigen Ideen des Josef von Ferenczy wirken, als ob sie virtuell seien. Um ein letztes Mal auf den großen Musil zurückzukommen: Im Mittelpunkt von dessen Roman steht die sogenannte Parallelaktion. Der Plot geht so: In Deutschland war für das Jahr 1918 eine große, der Welt die Macht Deutschlands ins Gedächtnis prägende Feier wegen des dreißigjährigen Regierungsjubiläums Kaiser Wilhelms II. geplant. Die Österreicher ließ das nicht ruhen. Sie wußten natürlich, daß ihr Franz Joseph im Jahr 1918 das siebzigjährige Jubiläum seiner Thronbesteigung feiern sollte. Also tut sich eine bunte Gruppe der Wiener Gesellschaft, angeführt vom hochadeligen Grafen Leinsdorf, zusammen, um jene »Parallelaktion« ins Leben zu rufen. Sie wollen nicht noch eine Niederlage wie in Königsgrätz erleben. Der Roman besteht in großen Teilen aus der ironischen Schilderung jener natürlich scheiternden Parallelaktion. Die Sache spielt im Jahr 1913. Im Jahr 1914 bricht der Erste Weltkrieg aus. 1918 gab es keine mächtigen Feiern. Wilhelm II. wurde davongejagt, und Franz Joseph war seit zwei Jahren tot.

Mancher mag vermuten, daß der »Europa-Dialog« so eine Parallelaktion sei. Auch kann man fragen, ob ein ambitioniertes (und höchst sinnvolles) Projekt wie Alfa-TV in unserer neokapitalistischen Welt jemals zu finanzieren sein wird. Helmut Thoma, einer von zwei erfolgreichen Managern des privaten Fernsehens in Deutschland und ein Kenner der Szene, dürfte daran zweifeln. Ferenczy aber zweifelt nicht, er telefoniert. In der neuesten Selbstdarstellungsbroschüre seiner Firma steht auf der allerersten Seite, rechts auf einem großen weißen Bogen (die linke Seite wird von einem matten, eleganten und nachdenklichen Bild des Meisters eingenommen), der Satz: »Unmöglich ist nur, was man nicht versucht, möglich zu machen.« Gut, der Prophet Ferenczy hat keine Lizenz, von niemandem. Aber davon läßt er sich an nichts hindern, an gar nichts.

Orden und Auszeichnungen

1942 Ungarisches Nationalverteidigungs-Kreuz
1971 Mitglied des Senats der PARACELSUS AKADEMIE Österreich
1974 Ehrenkurator der Deutschen Gesellschaft für Kommunikationsforschung
1976 Honorargeneralkonsul von Malta
1977 Außerordentlicher Botschafter für Malta bei der EG
1979 Medaille MÜNCHEN LEUCHTET – DEN FREUNDEN MÜNCHENS
1979 Großes SILBERNES EHRENZEICHEN für Verdienste um die Republik Österreich
1979 Verdienstkreuz 1. Klasse des Verdienstordens der Bundesrepublik Deutschland
1984 Berufstitel Professor, verliehen vom Bundesministerium für Unterricht und Kunst, Wien
1985 Goldenes Ehrenzeichen der SOS-Kinderdörfer
1985 Großes Verdienstkreuz des Verdienstordens der Bundesrepublik Deutschland
1986 Sternorden mit Goldkranz der Ungarischen Volksrepublik
1988 Ehrenbürgerschaft der Stadt Kecskemét
1991 Ernennung zum Oberstleutnant, Budapest
1992 Offizierskreuz des Verdienstordens der Republik Ungarn

1993 Bayerischer Verdienstorden
1993 Medaille für besondere Verdienste um Bayern in einem vereinten Europa
1994 Erinnerungsmedaille »Für das Unabhängige Demokratische Ungarn«
1994 Beförderung zum Oberst d. R.
1994 Ernennung zum außerordentlichen und bevollmächtigten Botschafter der Republik Ungarn
1996 Ernennung zum Brigadegeneral
1996 Ehrenmitglied SOS Gyermekfalu Magyarországi Egyesülete
1998 Aufnahme in den Ehrensenat der Bewegung für die Vereinigten Staaten von Europa

7. KAPITEL

Der bilanzfähige Tote

Es muss Ende der zwanziger Jahre gewesen sein. Kecskemét. Der Torwart einer Straßenfußballmannschaft war aus seinem Tor gestürmt, bis zur Mittellinie, um dort für Ordnung zu sorgen. Jetzt mußte er wieder zurück. In seinem wilden Lauf überholte er die gegnerischen Stürmer zwar noch, rutschte im eigenen Strafraum aber aus und verrenkte sich das Kreuz. So war Ferenczy sein ganzes Leben lang. Er wollte immer Torwart und Mittelstürmer zugleich sein.

Wer ihn von fern sieht, wird von den Accessoires irregeführt: Kristall, Silber, Juchtenleder, englische Stoffe, schwere Seide. Einerseits charakterisiert ihn das schon. Die Lust eines ungarischen Herrn an der Selbstdarstellung scheint groß zu sein. Er weiß mit schlafwandlerischer Sicherheit, welchem Portier man welches Trinkgeld geben muß, damit einem das Hotel zu Füßen liegt. Und er will wohl auch, daß ihm das Hotel zu Füßen liegt. Nur ist das keine Playboy-Imponiersucht. Bigler hat ihn schon richtig analysiert: »In Wien wohnte er im ›Imperial‹, in Zürich im

›Baur au Lac‹, in Paris im ›George V‹, das will bedeuten: Er arbeitet in Luxussuiten in den renommiertesten Hotels, weil ihn das am billigsten kommt. Am billigsten kommt es ihn, und nur ihn, wenn er ein Maximum an Personal und Luxus für eine ganz beschränkte Zeit zu seiner Verfügung hat. Braucht er es nicht mehr, kostet es ihn keinen Pfennig mehr. Ein Konferenzraum mit dem dazugehörigen Personal kostet auch etwas, wenn er leersteht, und das Leerstehen pflegen Konferenzräume an sich zu haben. Das ist wichtig, wenn es um Josef von Ferenczy und dessen Deutung geht: Er haßt überflüssige Partner, sinnlose Unkosten, fürchtet als gläubiger Katholik Gott im Himmel und auf Erden als frommer Kaufmann den Zins.«

In Wirklichkeit ist der Mann auch knapp vor seinem neunundsiebzigsten Geburtstag ein Arbeitstier, der zwischen sechs und sieben in der Früh in seinem Büro auftaucht und nicht vor Mitternacht ins Bett geht. Ein Getriebener. Ein Treiber. Das Telefon ist seine Stradivari. Er handhabt sein Instrument meisterhaft. So destilliert er aus Hunderten von Informationen unzählige Ideen, die sofort mit Konfidenten besprochen, verändert, verbessert, verfeinert oder verworfen werden. Dieser Typus ist immer im Dienst; vermutlich bis zur letzten Stunde.

Inge Kleinlein, seine engste Mitarbeiterin über vierunddreißig Jahre, hat einen Ordner mit nicht realisierten Projekten angelegt. Gespenstisch. Das Exposé über eine Fernsehserie, sieben mal fünfzig Minuten, über das Leben und Wirken des ägyptischen Herrscherpaares Nofretete-Amenophis IV. (genannt »Echnaton«). »Die Bilanz eines Moralisten« (Augstein-Story). Das Konzept für eine Videokassetten-Illustrierte. Die Ideenskizze für ein Anekdotenbuch mit Henry Kissinger. Der Vorschlag für ein Buch »Nach Tschernobyl«. Ein Projekt über große (deutsche) Männer und Frauen aus fünf Jahrhunderten. Ein »Grundlagenexposé« über »pragmatischen Liberalismus« (»Anschließend müßte eine etwa einwöchige Klausur folgen, in der alles durchdiskutiert und das Ergebnis einfach diktiert wird«). Er agiert auf tausend Podien – »Was wir alle getrennt sind, das ist er in einer Person«.

Das enthüllendste Projekt heißt »Ferenczy Service – Internationaler Dienst am Menschen«. Dieses Dokument kann man nur würdigen, wenn man es vollständig kennt. Das Exposé hat folgenden Wortlaut:

»Die moderne Völkerwanderung konfrontiert uns ständig mit Problemen, die in fremden Gebieten mit fremden Sprachen meist unlösbar sind; wir fühlen uns restlos ausgeliefert.

Man kommt in einen fremden Ort, in dem man die Ferien verbringen wird. Es gefällt einem, und man möchte für das folgende Jahr etwas mieten.

An wen soll man sich wenden?

Dazu kommt, daß viele nicht nur mieten, sondern vielleicht ein Grundstück oder ein kleines Häuschen kaufen wollen. Wie findet man einen korrekten Makler?

Man hat eventuell Konflikte mit den einheimischen Behörden, ist der Landessprache nicht mächtig, kennt die Rechtsgepflogenheiten nicht und weiß sich nicht zu helfen.

Was soll man tun? Man hat zum Beispiel ein unerwartetes Problem bezüglich der Versicherung, egal, ob klein oder groß – man findet keine Lösung.

Das Auto, mit dem man reist, hat einen Schaden. Wer repariert es fachgerecht, und wer versichert es so, daß man nicht geprellt wird?

Man kommt als Geschäftsmann in eine Stadt, möchte sich über bestimmte Fachgebiete orientieren und Kontakte aufnehmen. Hätte man eine Verbindungsstelle, könnte es sogar zu einem Geschäftsabschluß – vertraglich festgelegt – kommen. Es ist jedoch niemand zur Stelle, der alles in die richtigen Wege leitet.

Wer hilft? Wer gibt Rat?

Wer tut etwas?

Ferenczy Service

Internationaler Dienst am Menschen

Die Firma hat in jeder großen Stadt oder an jedem großen Ort der Welt einen Exclusivbeauftragten. Dieser kann nur ein Anwalt sein, der in seinem Büro den Ferenczy Service einrichtet.

Der Anwalt hat im allgemeinen überall Ansehen. Er ist – moralisch gesehen – ein Garant, egal, wo auf der Welt – gegenüber den Einheimischen und den Zugereisten. Er muß mindestens zwei Sprachen neben seiner Muttersprache beherrschen und entsprechend geschulte Angestellte haben.

Ferenczy Service hat die Zentrale in der Schweiz. Die Zentrale schließt mit dem jeweiligen Büro einen Exclusivvertrag über ein bestimmtes Gebiet, in dem das Büro dann seine Tätigkeit ausübt.

Diese Tätigkeit erstreckt sich darauf, daß das Büro alle notwendigen Fachfirmen an der Hand hat, ebenso gute Beziehungen zu den Behörden, die bei den entstehenden Problemen mit Ausländern meist in Anspruch genommen werden müssen.

Einige Beispiele:

Das Büro Ferenczy Service wird beauftragt, ein Grundstück im Auftrag von X zu kaufen. Das Büro hat einen Makler an der Hand, mit dem aufgrund seiner Angebote das Geschäft zustande kommt. Den Vertrag wird das Büro ausstellen. Dabei hat der Käufer die Sicherheit, daß er bestens bedient wird, moralisch und materiell. Das Büro kassiert zehn Prozent des Makleranteils (oder mehr, wie es den einheimischen Gepflogenheiten entspricht). Zwei Drittel werden einbehalten, ein Drittel wird an die Zentrale in Zürich geschickt.

Ein weiteres Beispiel: Y wendet sich an das Büro Ferenczy Service wegen seines Wagens, der einen Schaden erlitten hat. Das Büro händigt ein vorgedrucktes Formular aus und schickt Y damit zur Reparaturwerkstatt. Aufgrund dieser Anweisung wird die Reparatur durchgeführt. Der Geschädigte hat die Sicherheit, in jeder Beziehung bestens bedient zu werden.

Die Firma wird von dem eigenen Anteil, der nach der Reparatur verbleibt, zehn bzw. fünfzehn Prozent an Ferenczy Service überweisen. Wie immer wird dann ein Drittel an die Zentrale in Zürich bezahlt.

Es gibt hierzu noch unzählige Beispiele, die alle beweisen, daß durch Ferenczy Service Probleme beseitigt und inkorrekte Behandlung vermieden werden können. Niemand wird so unklug sein, gegenüber dem am Ort befindlichen Ferenczy Service eine Unkorrektheit zu begehen.

Das Büro ist auch dann zur Verfügung, wenn jemand rasch ärztliche Hilfe oder sogar einen Facharzt benötigt. In diesem Fall werden keine Prozente einbehalten. Diese Hilfeleistung steht aufgrund der Mitgliedschaft unbezahlt zur Verfügung.

Der Mitgliederbeitrag soll im Jahr fünfzig Franken oder die entsprechende Summe in Landeswährung betragen. Er wird an die Zentrale bezahlt.«

Das ist sein doppelter Zugriff; Ferenczys hauseigene Caritas gekoppelt mit einem lukrativen Dienstleistungskonzern. Aus dem »Ferenczy Service« ist nichts geworden. Aber es zeigt sein Weltverständnis. Er will helfen, will die Welt erlösen, damit aber auch ordentlich Geld verdienen.

Wie war sein Lebensmotto? »Träume ernähren die

Wirklichkeit.« Andererseits kennt der hochfliegende Idealist seine Pappenheimer. Seine sarkastische Treffsicherheit ist gefürchtet. Über einen Chefredakteur: »Wunderbarer Künstler. Aber führen kann er nicht einmal einen Hund.« Über eine Sitzung: »Wir haben Nebel gefressen und Luftballons geschält.« Über den Lauf der Welt: »Früher war die wichtigste Geschichte: Ein Junge und ein Mädel lieben sich, und die Eltern sind dagegen. Heute ist es so, daß sich zwei Männer lieben, davon ist einer verheiratet, und die Ehefrau ist dagegen.« Er ist übrigens gegen diese Art Weltlauf. Josef von Ferenczy ist katholischer, als man glaubt, aber katholisch sein und realistisch sein schließen sich nicht aus. Nicht einmal katholisch sein und sarkastisch sein.

Das Ungewöhnliche ist nur, daß ihn sein Sarkasmus nicht hindert, den Opfern seines Sarkasmus Geld zu borgen, Ärzte zu empfehlen, Blumen zu schicken oder Jobs und schöne, positive Artikel zu vermitteln. Wahrscheinlich ist das ein Erbe aus Kecskemét: sein Instinkt für Zusammenhalt, seine paternalistische Fürsorglichkeit, die in Gestalt von Familiensinn, Patronatsverpflichtung und Freundesdienst auftritt. Die Art der Verkettung wirkt auf Deutsche sizilianisch, obwohl sie eben aus einer (früheren) Bauernstadt in der Puszta kommt.

Hier muß man auf Herbert Riehl-Heyses Begriffe »Versöhnungstalent« und »Versöhnungsbedürfnis« zurückkommen und sie ergänzen. Dieser kühle Geschäftsmann braucht etwas, was die meisten kühlen

Geschäftsleute nicht brauchen: das Gefühl von Harmonie und Treue. Er ist eben nicht einfach ein Mittelständler. Er lebt eine Art von Mittelstand, die es schon kaum noch gibt. Nichts typischer als der Umgang von zwei Männern aus der gleichen Branche, die auf gleiche Weise angefangen haben. Leo Kirch schreibt Josef von Ferenczy zum fünfundsiebzigsten Geburtstag freundlich, kühl und knapp. »Feiert einer seinen fünfundsiebzigsten Geburtstag in immer noch so eindrucksvoller Statur, uneingeschränktem Arbeitseifer und weiter wachsendem Erfolg, hat er ein vielstimmiges Vivat verdient – was immer wir in den vergangenen Jahren auch unterschiedlich beurteilt und bewertet haben mögen. Wahrscheinlich hatten Sie häufiger recht als ich, und daher wünsche ich Ihnen von Herzen, daß es in der Zukunft so bleiben möge. Herzlichen Glückwunsch.«

Ferenczy ist mit den unterschiedlichen Bewertungen, den ausgebliebenen Geschäften (und der ausgebliebenen Freundschaft) nicht so schnell fertig. Er antwortet ein paar Monate später: »Sie haben mir zu meinem fünfundsiebzigsten Geburtstag einen außerordentlich netten und schönen Brief geschickt, in dem Sie unter anderem schreiben: ›Wahrscheinlich hatten Sie häufiger recht als ich, und daher wünsche ich Ihnen von Herzen, daß es in Zukunft so bleiben möge.‹«

So weit, so gut. Aber dann kommt es: »Ich habe in den verflossenen Jahrzehnten nie mein Recht gesucht, was Dr. Kirch betrifft, sondern den Dialog und ein wenig Verständnis, daß ich auf dem Markt existiere, auf dem Sie so gigantischen Erfolg haben. Ich wünsche Ihnen zum siebzigsten Geburtstag in erster Linie Gesundheit und daß Sie noch lange diesen Erfolg genießen können. Nochmals herzlichen Glückwunsch.« »Ein wenig Verständnis« – das sind die Schlüsselworte für das Leben des Josef von Ferenczy, in dem sich Privatheit und Geschäft immer gemischt haben.

Deswegen die Struktur der Firma: der Hahn im Korbe, umgeben von einer Kerngruppe tüchtiger Frauen, die oft jahrzehntelang mit ihm zusammenarbeiten. Deswegen die strikte Fixierung auf die Integration der Familie in die Firma. Deswegen ein Familienbegriff, der verglichen mit der durchschnittlichen Bindungsfähigkeit der Deutschen oder Franzosen oder Niederländer am Ende des zwanzigsten Jahrhunderts archaisch wirkt.

Dialog mit Katharina von Ferenczy:

KvF: Wenn ich jetzt anfangen würde, mit Ihnen über Einzelheiten zu sprechen, über meine speziellen Erfahrungen mit meinem Mann – das sollte man nicht machen, das bringt nichts. Vielleicht ist es ja auch nicht ausschlaggebend für seine ganze Figur.

G: Die Einzelheiten einer Ehe kann man nie beschreiben.

KvF: Ich glaube, ich kenne ihn ganz gut.

G: Sicher.

KvF: Es ist nicht so einfach.

G: Jemanden zu kennen?

KvF: Ihn.

G: Es ist vermutlich überhaupt nicht einfach, mit irgendeinem Menschen lange zusammenzuleben.

KvF: Nein, nein, das ist überhaupt nicht einfach. Das ist schwer. Vielleicht ist es fast unmöglich.

G: Jede Ehe, die länger als zwanzig Jahre dauert, ist eine Art von Wunder.

KvF: Schauen Sie, es klingt banal, aber es geht wirklich darum, ob man sich liebt oder nicht. Wenn ja, dann hält eine Ehe vieles aus. Aber andererseits möchte ich mit mir selbst nicht so lange zusammen sein. Ich möchte mit mir nicht immer zusammen sein.

G: Ich verstehe, was Sie meinen.

KvF: Aber komischerweise: Mit meinem Mann möchte ich gerne immer zusammen sein. Das spricht für ihn, und das spricht für mich.«

Man muß sich klarmachen, was für ein solches Leben der Tod beider Söhne bedeutet haben muß. Es gibt ein Bild von der Buchmesse 1976. Das Ehepaar von Ferenczy sitzt in irgendeiner der Kojen der Messe, in der ein Ferenczy-Buch mit Beiträgen von Mario Soares, Willy Brandt und Bruno Kreisky ausgestellt wird (»Freiheit für den Sieger«). Die Junior-Chefs sind dabei. Csaba von Ferenczy, Josefs Sohn aus seiner ersten Ehe mit Gabriele Kolosz, sitzt gelassen, mit gelockerter Krawatte, ein wenig amüsiert von der Offizialität der Welt, neben Katharina. Andreas, Katharinas Sohn aus ihrer ersten Ehe, steht. Noch ist er ein we-

Die Familie Ferenczy auf der Frankfurter Buchmesse, 1976.
Die Junior-Chefs sind dabei.

Familienfoto 1991, Vater und Söhne. Csaba von Ferenczy starb Ende November 1993 an einer Magenblutung in Budapest, Andreas von Ferenczy am Pfingstmontag 1996.

nig steif, aber das Lächeln, obzwar konventionell, zeigt die freundliche Kommunikationsfähigkeit, die er später entwickeln wird. Man sieht ihm an: Er bereitet sich darauf vor, die Firma einmal zu übernehmen, und der alte Ferenczy, der damals noch gar nicht alt war, blickt von unten auf ihn mit jener unverwechselbaren Mischung aus prinzipieller Skepsis, Vaterstolz und freundlichem Sarkasmus. Alles vorbei.

Csaba von Ferenczy (Jahrgang 1942) starb Ende November 1993 an einer Magenblutung in Budapest. Andreas von Ferenczy (Jahrgang 1944) folgte ihm am Pfingstmontag 1996. Man fand ihn im Fitneßraum seiner Bogenhausener Wohnung. Der Notarzt konnte ihm nicht mehr helfen. Herzinfarkt. Einmal das Requiem von Verdi, einmal das von Mozart. Ein Meer von gelbweißen Blumen beidemal. Und beidemal die Eltern bleich, gerade, gefaßt, starr vor Schmerz, die Hände ineinander.

Ein ganz treuer Ferenczy-Autor, der nicht genannt werden möchte: »Da hatten sich nun all die, die längst überlebt waren, versammelt. Sie waren weißhaarig, sie waren in Pension. Alle, die sich früher mit der Motorsäge die Stuhlbeine abgeschnitten hatten, standen jetzt Schulter an Schulter, ergriffen von ihrer eigenen Unwichtigkeit in der Kapelle. Es war eine Thomas Mannsche Szene. Es war der Abschied von einer ganzen Epoche. All der Neid, all die Karrieren, all die miesen Tricks, auf einmal war alles irgendwie unwichtig. Da gingen sie über die Gräber. Irgendwo eine Dame mit Riesenhut und Günter Prinz ohne

Mantel. Das war der Abschluß der Sumpfblütenära Münchens.«

Aber vielleicht war das auch der Abschluß vom Familienbetrieb der Ferenczys? Andreas hat zwei Söhne hinterlassen, den einundzwanzigjährigen Patrick und den sechzehnjährigen Dennis. Aber werden sie diese Art von Arbeit wollen? Werden sie diese Art von Arbeit können? Niemand weiß das.

Vor ein paar Jahren hatte Ferenczy in seinem feudalen Garten zwei Journalisten zu Besuch. Nach einem langen Gespräch wollten sie von ihm wissen, warum er sein Geld nicht rechtzeitig angelegt und längst aufgehört habe? Seine Antwort: »Ich will an jedem Tag, den der liebe Gott werden läßt, ein bilanzfähiger Toter sein. Geld ist nötig, selbstverständlich. Aber ich will schon zu Lebzeiten wissen, warum ich gelebt habe.«

Und dann folgte natürlich die Frage, was sein würde, wenn er nicht mehr sei. Er behauptet, daß er einige Momente still überlegt habe. Schließlich habe er in die maßlos erstaunten Gesichter seiner Gäste gesagt: »Ich bin dabei, mit meinen technisch versierten Freunden zwischen dem Friedhof und meinem Büro eine Telefonleitung einzurichten. Dann geht alles weiter.«

8. KAPITEL

Nachschrift

DIE BIOGRAPHIE, hat Ulrich Raulff neulich bemerkt, könne unter bestimmten Umständen zur Sonde werden, mit der sich nach geahnten Möglichkeiten, nach anderen, fragileren, aber vielleicht richtigeren Lebensmöglichkeiten tasten ließe. Das ist richtig. Wer allerdings nach prinzipiellen Lebensmöglichkeiten auf der Suche wäre, nach Vorbildern also, nach verallgemeinerungsfähigen Existenzen, dürfte wohl nicht nach Kecskemét gehen. Josef von Ferenczy hat zwar in gewisser Weise aus seinem Leben ein Kunstwerk gemacht. Aber er eignet sich nicht zum Standbild seiner Zeit. Dazu ist er zu ausgefallen, eigenständig, archaisch. Was man an seinem Beispiel herauspräparieren muß, ist der Beruf, den er erfunden, jedenfalls in Deutschland erstmalig praktiziert hat. Der wird in zwei oder drei Jahrzehnten eine sehr viel größere Bedeutung haben als heute. Ferenczy ist als Branchenpionier interessant. Und seine Branche, das Kultur- und Medienmanagement, verdient weiß Gott eine systematischere Aufmerksamkeit, als ihr bisher zugebilligt wurde.

Zwei Entwicklungen sprechen dafür, daß das »Handwerk der Verknüpfung« in Zukunft eine größere Rolle spielen wird als in der Vergangenheit. Da ist einmal die Ästhetisierung und Psychologisierung unserer Alltagswelt. Ob man nun die Diagnose des Soziologen Gerhard Schulze, der unsere Gesellschaft als »Erlebnisgesellschaft« bezeichnet hat, akzeptiert oder nicht: Für zwei Drittel der Menschen dieser Gesellschaft bestehen die existentiellen Kernprobleme nicht mehr darin, physisch oder sozial zu überleben, sondern darin, ein »schönes« Leben zu führen. Die Folgerung ist, daß Kultur »als das essentielle Element, das eine Gesellschaft zusammenhält, in das Zentrum politischer, sozialer, wirtschaftlicher und wissenschaftlicher Bemühungen und Interessen« rückt (Klaus Siebenhaar).

Zweitens wird das Mediensystem immer komplexer. Die Medienindustrie ist die wachstumsträchtigste, schnellste und härteste Branche an der Wende vom zwanzigsten zum einundzwanzigsten Jahrhundert. Es gibt ein rasches Auf und Ab, brutale Wettbewerbsprozesse und schnelle Machtwechsel. Zwar kann man in einigen Sektoren (zum Beispiel bei standortgebundenen Tageszeitungen in Deutschland) immer noch als solider und unaufgeregter Provinzler geruhsam existieren und gutes Geld verdienen. Wer sich aber – wie politische Parteien, Verbände, Großunternehmen etc. – gezwungen sieht, sich in dem immer stärker internationalisierten, kommerzialisierten und privatisierten Mediensystem großer Industrie- und

Dienstleistungsgesellschaften durchzusetzen, wird immer häufiger professionelle Beratung brauchen. Am deutlichsten sieht man das an den sogenannten »neuen Medien«, also beispielsweise Online-Diensten, E-Mail, Web-Sites, Virtual Reality etc. – Diensten, die inzwischen von einer ganzen Myriade kleiner, innovativer Unternehmen junger Leute aufgegriffen worden sind.

Aber auch der Medienverbund der Populärkultur ist heute um vieles komplizierter als in den fünfziger Jahren, als Ferenczy begann, Stoffe gleichzeitig für Illustrierten-Serien, Taschenbücher und Filme zu suchen. Die kulturelle Realität ist inzwischen ein gewaltiges Gewebe, eine komplizierte Textur, ein immer schwerer durchschaubarer, vielfach gegliederter, von technischen Innovationen vorangetriebener Prozeß. Das wird das Beratungsgeschäft, also das Geschäft des Medienmanagements, immer attraktiver machen.

Nun könnte man natürlich feinsinnige Unterscheidungen zwischen Kultur- und Medienmanagement machen. Was Kulturmanagement sein könnte, hat Gérard Mortier, der Leiter der Salzburger Festspiele, folgendermaßen definiert: »Wenn man den Begriff so versteht, daß der Kulturmanager nicht die Kultur managt, sondern für die Kultur managt. Der Kulturmanager ist eigentlich ein Katalysator. Er löst Reaktionen aus. Seine Hauptaufgabe besteht darin, die richtigen Leute zusammenzubringen, den richtigen Regisseur mit dem richtigen Dirigenten. Kombinationen, aus denen sich Spannungen und Spannendes ergeben.« Das meint natürlich die Herstellung geistiger Spannungsbögen, die entstehen mögen, wenn man Peter Stein auf den »Jedermann« hetzt und Patrice Chereau auf Richard Wagner. Ist das nicht ein völlig anderes Geschäft als das des Josef von Ferenczy?

Es arbeitet an anderem Material. Die »Hauptaufgabe« aber ist gleich: »Die richtigen Leute zusammenbringen.« Es geht um »kombinatorische Einbildungskraft«. Die muß heutzutage offenbar professionalisiert zur Verfügung gestellt werden.

Klaus Siebenhaar hat einleuchtend an drei Kultfiguren des neunzehnten Jahrhunderts erinnert, deren gemeinsame Eigenschaften das Anforderungsprofil von Kulturmanagern ergäben: den Flaneur, den Detektiv und den Reporter. Seine Beschreibung trifft das Medienmanagement Josef von Ferenczys sehr genau:

»Alle drei werden von Neugier und Sammelleidenschaft in die Welt hinausgetrieben. Sie registrieren und recherchieren wachen Auges und gespannter Sinne. Ein internationales Bewußtsein, das assoziativ und querdenkend geschult ist, läßt sie Dinge, Menschen und Tatbestände aufspüren. Durch kombinatorische Einbildungskraft schaffen sie überraschende Bezüge, beunruhigende Verbindungen und erhellende Zusammenhänge. Als Praktiker des Kopfes und Seismographen operieren sie im Helldunkel von aufklärender Präsentation und schützender Verschleierung. Solche Grundhaltungen und Fertigkeiten müßten die zukünftigen Kulturmanager aufweisen, wenn sie im Dickicht globaler Kulturprozesse die Künste im Reich der Freiheit bewahren wollen.«

Natürlich sind die Dienstleistungen des Kultur- und Medienmanagements nicht so standardisierbar wie Rohstahl, Fernsehapparate oder Produkte der Ernährungsindustrie. Bei Ferenczy, hatten wir gefunden, sind sie eine Verbindung von Populärkultur, Industrie-PR, Event-Marketing und Politikberatung. Gemessen an ihrem Einfluß, ihrer Phantasie und ihrer Vielfältigkeit sind Peter Gerlach und Hans R. Beierlein mit Ferenczy vergleichbar. Aber sie arbeiten auf anderen Feldern. Gerlach, der einst die Eckfigur der Programmdirektion des Zweiten Deutschen Fernsehens war, im Bereich des Fernsehspiels und der Fernsehserie, Beierlein in der Musikszene. Diether Dehm (Populärmusik und Fernsehunterhaltung), Lionel von dem Knesebeck (Literatur und Vorträge), Jürgen Kolbe (Kultursponsoring und Event-Marketing), Manfred Schmidt (Kulturveranstaltungen und Feste) akkern auf kleinerem Terrain. Noch sieht es so aus, als tue jeder etwas anderes. Noch mag es auch so sein, daß jeder dieser Pioniere sich als Solitär betrachtet. In Wirklichkeit formiert sich hier eine neue Branche, der die Medienkulturforschung und die Kulturanalyse viel mehr Aufmerksamkeit schenken müßten.

Ob dieser Beruf lehrbar ist? Daran pflegen die Praktiker in der Frühzeit der Verfestigung solcher Berufsbilder heftig zu zweifeln. Und die Figur Ferenczys spricht ja auch dagegen. So einer wie er ist als Absolvent eines Magisterstudiengangs »Kulturwissenschaft« oder eines Weiterbildungsstudiums »Kultur- und Bildungsmanagement« undenkbar. Allerdings sollte man den Glauben an die Unfaßbarkeit des Genies und den Zauber der Persönlichkeit nicht übertreiben. Wenn alle Vorstandsvorsitzenden von Siemens wie der Gründerunternehmer Werner von Siemens gewesen wären, wäre das Unternehmen längst liquidiert. Zwar wird das Kultur- und Medienmanagement individueller bleiben als alle Geschäftsfelder von Siemens; es ist prädestiniert für kleinbetriebliche Strukturen und damit auf Individualismus, persönliche Kreativität und eine eigene Gewürzmischung abonniert. Auch müßte die deutsche Universität ihre kulturwissenschaftliche Wende radikaler praktizieren und praxisnäher umsetzen, wenn sie für das Arbeitsfeld Kultur- und Medienmanagement erfolgreich ausbilden wollte. Daß aber alle Kultur- und Medienmanager der Zukunft Originalgenies sein müßten, die nur durch das Leben, nicht aber durch planbare Ausbildungsgänge geschult werden könnten, wäre natürlich ein Ammenmärchen.

Denn von manchem Dünkel sind die deutsche Universität und die deutsche Geisteswissenschaft inzwischen ja geheilt, so von der Privilegierung kanonischer Meisterwerke. Vor mehr als hundert Jahren machte sich der große Karl Krumbacher in der Einleitung zu seiner »Geschichte der byzantinischen Literatur« (1891) über diese Praxis lustig: »Wenn ein Naturforscher erklärte, er wolle nur mit dem Löwen und

Adler, der Eiche und Rose, mit Perlen und Edelsteinen, nicht einmal mit widerwärtigen oder häßlichen Gegenständen wie der Spinne, der Klette, der Schwefelsäure sich beschäftigen, er würde einen Sturm von Heiterkeit entfesseln. In der Philologie sind solche Feinschmecker die Regel, die es unter ihrer Würde finden, ihre kostbare Kraft anderem als dem majestätischen Königsadler oder der duftigen Rose zu weihen – und wir haben noch nicht gelernt, über diese Würdevollen zu lächeln.«

Es dauerte allerdings achtzig Jahre, bis über diese Würdevollen gelächelt wurde. Ferenczy konnte seine Monopolstellung als Vermittler für Populärliteratur nur gewinnen, weil die kulturelle Elite Deutschlands bis ans Ende der sechziger Jahre die Unterhaltung verachtete. So kam es zu jener lautlosen Entmachtung der bildungsbürgerlichen Oberschicht und zu jener seltsamen Machtergreifung mittelständischer Newcomer, die aus der Emigration, der Halblegalität, aus fränkischen Weinbergen, aus Ungarn oder aus dem Souterrain der Sekretärinnen-Existenz kamen. Jedenfalls von außen oder von unten.

Hier sind wir bei dem, was man das »Feuchtwanger-Problem« nennen könnte. Der Schriftsteller Lion Feuchtwanger war einerseits ein Münchener Großbürger jüdischer Herkunft. Das wäre nicht erwähnenswert, wenn die Nazis nach 1933 nicht Jagd auf alle Juden gemacht hätten. Er war aber überdies einer der seltenen hochgebildeten deutschen Akademiker mit einem Sinn für die Kommunikationsbedürfnisse der Massen, einer, der aufklären wollte. Er bediente als Romancier nicht einfach die ordinären Begierden der Leute nach Lust, Sensation und Happy-End. Aber er kannte sie, er baute sie ein. So war er wirksam. Nicht, daß die Sensibilität für Massenkultur spezifisch jüdisch gewesen sei. Viele deutsche Sensationserfolge, von Paul de Lagarde über Julius Langbehn bis zu Hedwig Courths-Mahler oder Bruno Brehm, kamen aus der Mitte der deutschen Mehrheitskultur. Diese Tradition war aber von den Nazis vereinnahmt worden. Die massenwirksame Linke – Feuchtwanger, Werfel, Remarque und andere – war ausgebürgert. Im antikommunistischen Westdeutschland der fünfziger und sechziger Jahre bekam man zum Beispiel Feuchtwanger nur als Schmuggelware aus Ostberlin vom Aufbau-Verlag. So entstand jene Tabula rasa, auf die Josef von Ferenczy dann Berthold, Konsalik, Kolle und viele andere hob.

Wieso überließen es die Deutschen ausgerechnet einem gerade mittellos eingewanderten ungarischen Landadeligen, ihre Volksmassen zu prägen oder jedenfalls ins Gespräch zu ziehen? Die alte Führungsschicht war entweder (selten genug) als belastet ausgemustert oder aber ausgebombt und beleidigt und las – ja was? Vermutlich Hans Carossa, Frank Thieß und bestenfalls Ernst Wiechert. Die westdeutsche Linke der damaligen Zeit, vor allem also die Sozialdemokratie, beschwor die Massen, verstand sie aber nicht; über einen Feuchtwanger verfügte sie nicht. Blieben die ratlosen Gatekeeper der neu entstehenden Massenpresse. Sie fanden, Ferenczy sei geschickt und jedenfalls nicht destruktiv. So stieg er auf.

Wie groß ist der Einfluß des Kultur- und Medienmanagements auf Wahrnehmung, Fühlen und Denken der Menschen? Das hängt vom jeweiligen Denkansatz, von der Kombinatorik, von der Vielfalt (oder Einfalt) der Arbeitsfelder ab. Die Literaturagenten sind in Deutschland heutzutage einerseits sehr mächtig, da es eine massenattraktive deutsche Literatur fast nicht gibt. Aber sie beschränken sich andererseits absichtslos darauf, attraktive (und inzwischen auch schon zweit- und drittklassige) amerikanische Autoren nach Deutschland zu schleppen. Damit kann man Geld verdienen. Damit vervielfältigt man auch bestimmte Denkmuster, Mythen, Fabeln. Eigenständige, gerichtete kulturelle Wirkungen erzielt man damit nicht. Die Produktion (oder auch der Import) einer bestimmten Musikrichtung aber, die Auslösung einer »Welle« oder die Etablierung gesellschaftskritischer Krimiformate verändern den Aggregatzustand eines kulturellen Milieus.

Manipulationsängste allerdings sind überflüssig. Erstens sind politische oder ökonomische Massenorganisationen in der Regel nicht so organisiert, daß sie sich des Kultur- und Medienmanagements systematisch bedienen könnten. Zweitens wußte schon Gramsci, daß die »herrschende Klasse« nur bis zu jenem Grad Hegemonie ausüben kann, wie die beherrschten Klassen Interessensüberschneidungen mit ihr erkennen und die Herrschaft auch geschehen lassen. Eine »Daily Soap« kann ein »machtvolles Medium« sein. Die Vorstellung aber, man könne so ein Medium mit Hilfe der Agenten, Makler und Manager systematisch für eine Idee oder Partei oder Regierung einsetzen, ist, jedenfalls für Kommunikationssysteme wie das deutsche, amerikanische, englische oder französische, naiv. Nur das brasilianische – in dem die tägliche Telenovela eine alles beherrschende Rolle spielt – mag eine Ausnahme sein. Dort gibt es politische Einflüsse im Zweifel aber direkt zwischen den Machtzentren und den Sendern. Dort muß man das Kultur- und Medienmanagement nicht einschalten.

Um zum Schluß zu kommen! Das Material, auf dem dieses Buch basiert, ist im ersten Kapitel geschildert. Zentral waren drei große Interviews mit Josef von Ferenczy und eines mit Katharina von Ferenczy. Längere Interviews habe ich geführt mit Will Berthold, Peter Boenisch, Hubert Burda, Ernst Cramer, Außenminister a. D. Hans-Dietrich Genscher, Ministerpräsident Gyula Horn, Oswalt Kolle, Johannes Kunz, Mainhardt Graf Nayhauss-Cormons, Heinz van Nouhuys, Günter Prinz und Raimund le Viseur. Bei der Beschaffung von Material haben mir Peter Munkelt, der Chef des Archivs der SPD, Erika Hasselberg (Ferenczy Media) und meine Assistentin Anita Dicke M. A. vielfach geholfen.

Die Interviews mit Josef von Ferenczy fanden im übrigen in einem privaten Arbeitsraum seines Grünwalder Hauses statt, das ganz und gar mit Bildern tapeziert ist. Ein Gedächtnistheater: Ferenczy und die Großen dieser Welt. Vor ihm aber, am Kopf des Verhandlungstisches, stand eine dreiteilige Garnitur aus Silber, in die die Köpfe seiner Frau und seiner beiden verstorbenen Söhne einmontiert waren. Diese Bilder konnte nur er sehen. Oft saugte sich sein Blick dort fest.

Zur Literatur

Die zentralen Texte über Ferenczy stammen, wie in »Viele Ichs« dargestellt, von Rolf Bigler (»Josef von Ferenczy«. Manuskript ca. 1977, nicht veröffentlicht), Bernt Engelmann (»Meine Freunde die Manager. Ein Beitrag zur Erklärung des Deutschen Wunders.« Darmstadt 1966), Herbert Riehl-Heyse (»Josef von Ferenczy oder: Was bitte ist ein Medienmanager?« In: »Götterdämmerung. Die Herren der öffentlichen Meinung.« Berlin 1995) sowie Alphons Silbermann und Albin Hänseroth (»Medienkultur, Medienwirtschaft, Medienmanagement.« Frankfurt am Main – Bern – New York – Paris 1989).

Gute journalistische Texte über Ferenczy gab es zudem unter anderem in der (schnell wieder eingegangenen) Zeitschrift »Neue Medien« (Nr. 12, Dezember 1987; Autor: Michael Radtke), im »Manager-Magazin« 10/1984 (von Michael Gatermann), in der »Welt-Woche« Zürich (14. Februar 1973, von Inge Santner) sowie in der »Süddeutschen Zeitung« (6./7. März 1971, Autor: Claus Heinrich Meyer).

Der Themenkomplex Kultur- und Medienmanagement ist literarisch wenig aufgearbeitet. Der interessanteste Text stammt von Klaus Siebenhaar, der eine Honorarprofessur für Kulturmanagement an der Hochschule für Musik »Hanns Eisler« in Berlin hat und Direktor des Instituts für Kommunikationsgeschichte und Angewandte Kulturwissenschaft an der Freien Universität ist. Er hat 1992 bei Nicolai ein Bändchen »Kultur und Management. Positionen, Tendenzen, Perspektiven« herausgegeben. Max Fuchs hat eine Schrift »Zur Theorie des Kulturmanagements. Ein Blick über die Grenzen« ediert, in der insbesondere ein »Theoriesymposium zum Kulturmanagement« abgedruckt ist, zu dem verschiedene Institutionen 1992 in die Akademie Remscheid eingeladen hatten (Remscheider Arbeitshilfen und Texte. Remscheid 1993). Von Werner Heinrichs existiert eine »Einführung in das Kulturmanagement« (Wissenschaftliche Buchgesellschaft Darmstadt, Darmstadt 1993). Derselbe Autor hat im übrigen in der Reihe Beck-Wirtschaftsberater bei dtv eine Art Wörterbuch herausgegeben: »Kulturmanagement von A–Z, Wegweiser für Kultur- und Medienberufe«. Mitherausgeber ist Armin Klein (München 1996).

Zur Hintergrundliteratur: Für die ungarische Situation informiert man sich am besten anhand der Arbeit von Thomas Sakmyster: »Hungary's Admiral on the Horseback. Miklós von Horthy 1918–1944«. (Columbia University Press, New York 1994). Auf deutsch liegt vor: Peter Gosztony: »Miklós von Horthy. Admiral und Reichsverweser« (Göttingen – Zürich – Frankfurt 1973).

Die Illustrierten-Szene der fünfziger Jahre ersteht am besten in dem alten Bändchen von Hans-Jürgen Usko und Günter Schlichting: »Kampf am Kiosk. Macht und Ohnmacht der deutschen Illustrierten« (Hamburg 1961).

Wer eine kritische Darstellung von links sucht, kann zu Horst Holzer: »Illustrierte und Gesellschaft. Zum politischen Gehalt von Quick, Revue und Stern« (Freiburg im Breisgau 1967) greifen.

Über Emil Oprecht informiert Peter Stahlberger: »Der Zürcher Verleger Emil Oprecht und die deutsche politische Emigration 1933–1945« (Zürich 1970).

Für den theoretischen Hintergrund sind die Arbeiten von Stewart Hall, Raymond Williams und John Fiske wichtig, deren Texte überall erreichbar sind.

Einen ersten Überblick über die »Cultural Studies«-Schule bieten Andreas Hepp und Rainer Winter (Hrsg.) in dem von ihnen herausgegebenen Band »Kultur – Medien – Macht. Cultural Studies und Medienanalyse« (Opladen 1997).

Die zitierte Studie von Michael Schornstheimer »Die leuchtenden Augen der Frontsoldaten. Nationalsozialismus und Krieg. Illustriertenromane der fünfziger Jahre« ist 1995 beim Metropol Verlag in Berlin erschienen.

Der zitierte »Schlüsselroman« von Maria Scherer »The Emperors Waltz« ist 1989 in London erschienen.

Im übrigen existiert im Donau Verlag (München) eine im Jahr 1992 erschienene ungarische Biographie über Ferenczy von Rezsö Palásthy, die aus sprachlichen Gründen nur teilweise benutzt werden konnte.

Glossar

»In jedem Fremdwort steckt der Sprengstoff von Aufklärung, in seinem kontrollierten Gebrauch das Wissen, daß Unmittelbares nicht unmittelbar zu sagen, sondern nur durch alle Reflexionen und Vermittlung hindurch noch auszudrücken sei.«

THEODOR W. ADORNO

Connectivity, Verknüpfungstalent, Fähigkeit, über ausgewählte Medien bestimmte Menschen miteinander bzw. mit bestimmten Themen in Verbindung zu bringen.

Corporate Identity (CI) Form und Inhalt der Selbstdarstellung eines Unternehmens in der Außen- und Binnenkommunikation.

Cultural Studies Kulturwissenschaftlicher Ansatz mit stark interdisziplinärer geistes- und sozialwissenschaftlicher Ausrichtung; vor allem in England entstanden und in den USA aufgenommen.

Diversifikation Streuung wirtschaftlicher Aktivitäten. Hier vor allem Nutzung qualitativ unterschiedlicher Medien zur Bedienung spezifischer Marktsegmente/Zielgruppen, insbesondere Leser- oder Zuschauerschichten.

Event Außergewöhnliches »Ereignis«, »Erlebnis«. Kommunikationsinstrument unter Nutzung von Synergien aus dem gezielten Zusammentreffen von bekannten/berühmten Menschen, ausgewähltem Anlaß und gesteuerter Medienberichterstattung hierüber.

– **Event Marketing** Jüngeres Marketinginstrument zur besonders öffentlichkeitswirksamen Unterstützung bei der Marktgestaltung für Produkte, Dienstleistungen, Institutionen oder

Personen; häufig mittels Kultur-, Gesellschafts- oder Sportereignissen.

Headhunter Dienstleister zur An- bzw. Abwerbung vor allem von Führungs- oder Nachwuchskräften.

Information Von lat. informare: formen, unterrichten, bilden (durch »Unterweisung«). Im Alltag Synonym für Nachricht, Mitteilung, »Auskunft«, »Unterrichtung«. Nicht synonym zu verstehen ist dabei der implizierte Neuigkeitswert einer Mitteilung.

Kommunikation Austausch/Transport von Informationen, Mitteilung einer »Botschaft«; auch: das »Zeitgespräch der Gesellschaft«.

– **Emotionskommunikation** Informationsaustausch/-transport ohne erklärenden Gehalt bzw. ohne Wissensstoff. Transportiert oder geschaffen werden vielmehr Gefühle mittels erzählter, das heißt meist erfundener Geschichten.

– **Sinnkommunikation** Informationsaustausch mit erklärendem Gehalt bzw. Wissensstoff, also die kognitive Phase.

Kulturindustrie Industrielle Massenproduktion von – künstlerisch minderwertigen – Kulturgütern (Theodor W. Adorno). Der Begriff ist pejorativ gemeint – »wahre« Kultur könne nicht industriell hergestellt werden.

Kulturmanagement Aufbau, Steuerung und Sicherung des Austauschs zwischen Künstlern/Kulturschaffenden und Kulturnutzern. Kulturmanagement schafft den Rahmen für Produktion, Präsentation und Erhaltung von Kunst/Kultur, ohne selbst Kunst/Kultur zu schaffen.

Kultursoziologie Großer Teilbereich der Soziologie, je nach Kulturbegriff einschließlich der Rechts-, Religions-, Wissens-, Kunst- und Erziehungssoziologie. Kultursoziologie befaßt sich mit allen Werten und Sinngehalten von Kultur, ihren Voraussetzungen, Bedingungen und Wirkungen.

Literaturagent Vermittler zwischen Autor und Verlag und/oder in- und ausländischen Verlagen bei Vertragsabschluß, Rechtevergabe (z. B. Lizenzen, Verwertungsrechten) etc.

Medien Massenkommunikationsmittel zur Übertragung/Vermittlung von Texten, Bildern, Tönen: TV, Film, Video, Rundfunk, Presse, Buch, CD-ROM, Schallplatte/CD, Internet etc.

– **Neue Medien** Verschiedene Technologien/Techniken seit den 80er Jahren in Unterhaltungselektronik, Datenverarbeitung und Nachrichtenwesen; hier vor allem Unterhaltungselektronik: Video, CD-ROM, CD, Bildschirmtext, Kabel-, Satelliten-, Pay-TV, Internet/Online-Dienste etc.

Medienmanagement Steuerung/Vermittlung mediengestützter Kommunikationsprozesse zwischen Personen/Institutionen bzw. »Zeitgeist«-Themen und (Massen-)Publikum.

Populärkultur Gesamtheit der für ein Massenpublikum hergestellten Kulturprodukte. Standardisierung und Stereotypisierung sind typisch in der Populärkultur. Wichtigster Theoretiker: Leo Löwenthal.

Public Relations (PR) »Öffentliche Beziehungen«. Systematische Werbung von Individuen, Unternehmen oder anderer Institutionen um Verständnis/Vertrauen in der Öffentlichkeit; öffentliche Meinungs- und Beziehungspflege mittels publizistischer Instrumente.

– **»Negative PR«** Gelenkte Verkleinerung/Untertreibung einer Information bei tatsächlich/potentiell größerem Neuigkeitswert des Berichteten.

– **»Atmosphärische PR«** Umfassende Dienstleistung für Unternehmen, insbesondere in Krisen: Presseinformation, Werbung, Verkaufsförderung, Mediaplanung (Bestimmung der geeignetsten Medien zur Erreichung einer bestimmten Zielgruppe) und Mediastreuung (Wahl der wirksamsten Werbeträger innerhalb der Mediaplanung).

Sponsoring Marketing- und/oder Kommunikationsinstrument: öffentlichkeitswirksame Unterstützung einer Institution/Person mit Finanz- und/oder Sachmitteln einer Institution/Person zur Förderung eigener, zum Beispiel unternehmerischer Ziele.

Namenregister

Bildnachweis

Patrick la Banca, München: S. 216
Bild am Sonntag / Dirk Hourticolon: S. 125, 134
Foto Braun, Bonn: S. 184
J. H. Darchinger, Bonn: S. 33
Ferenczy Europress Budapest: S. 199
Josef von Ferenczy: S. 28, 30, 31, 47, 56, 83, 93, 122, 148, 161, 179, 215
Foto Firsching, München: S. 149
Internationale Presse Bild Agentur VOTAVA, Wien: S. 193